Crocodiles

Crocodile : *Animal sensible mais qui a la peau dure.*

« Ce qui est étonnant, ce n'est pas que Dieu existe en réalité, mais que cette idée de la nécessité de Dieu soit venue à l'esprit d'un animal féroce et méchant comme l'homme, tant elle est sainte, touchante, sage, tant elle fait honneur à l'homme. »

Dostoïevski,
Les Frères Karamazov

« Vieillir veut dire aussi perdre de plus en plus ce qui nous était promis quand nous étions jeunes, surtout l'inconnu. »

John Cassavetes

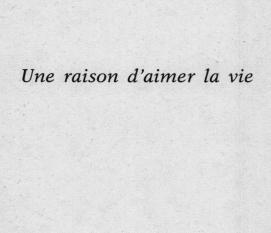

Une raison d'aimer la vie

Je me trouvais à Athènes lorsque j'ai appris la mort de Richard Brautigan. Mes premières vraies vacances depuis dix ans. La première chose que je réussissais à me payer en écrivant des livres. Je ne sais pas pourquoi cette nouvelle épouvantable m'est tombée dessus juste à ce moment-là. Depuis trois jours, je partageais mon temps entre les musées et les terrasses des cafés. Je ne pensais à rien. Mon fils tournait autour d'un jet d'eau. J'avais un œil sur le journal, l'autre sur ma femme. Elle était toute bronzée, magnifique. Et je ne parle pas de la lumière, de l'incroyable douceur de l'air et du miracle d'être toujours en vie durant ces derniers jours d'octobre 1984. Il n'y avait qu'une seule chose qui me contrariait. J'avais embarqué cinquante paquets de tabac dans mes valises, mais pas de papier à rouler. Bien sûr, le malheur frappe toujours là où vous ne l'attendez pas.

Lorsque je suis tombé sur l'article, ma femme achetait des pistaches. Le type en avait laissé quelques-unes sur la table avant de repasser. Il lui souriait. Ma femme est grande, blonde, bien roulée. Athènes est une ville que j'adore. J'avais moi aussi le sourire aux lèvres lorsque j'ai appris qu'il était mort. A Bolinas, en Californie. Depuis, je ne suis plus le même. Je me réveille la nuit. Et vous non plus, vous n'êtes plus les mêmes, que vous en soyez conscients ou non.

« Qu'est-ce que tu as ? Ça ne va pas ? » me demanda-t-elle.

Je l'ai regardée sans dire un mot puis je lui ai tendu le journal. Il y a quatorze ans que nous vivons ensemble. Mon fils s'est pointé tandis qu'elle avait disparu derrière le journal. Les pistaches qui n'étaient pas ouvertes, il les alignait devant moi. Le journal s'est refermé avec un bruit d'ailes effrayant. La plupart des types pleurnichent après la femme de leur vie, je n'avais pas ce genre de problème, Dieu merci.

« Bon, me dit-elle, je vais aller m'acheter les mêmes sandales que John Lennon. Ne rentre pas trop tard, je t'attendrai. »

Je me suis retrouvé tout seul. Avec de l'ouzo, l'alcool national. Ma dernière cuite remontait à l'hiver, autant dire que je n'avais aucune honte. Pour une fois, j'avais assez d'argent dans les poches pour mettre à genoux toutes

12

les bouteilles du bar. Mais le sort était, vous en conviendrez, d'une complète ironie. Avait-on jamais entendu parler d'un gosier aussi sec ? Y avait-il quelque chose de plus terrible que sa disparition ?

Je donnerais dix mille vies pour la vie de Richard Brautigan. J'essaie de vous dire ça en vous regardant en face. Vingt mille. Au fond, je ne m'écœure pas du tout. Il en tombe des centaines de milliers tous les jours. Est-ce qu'on pense à ses millions de lecteurs, à ces réservoirs de sang neuf qu'étaient *Mémoires sauvés du vent* ou *La Vengeance de la pelouse*... ? Quelqu'un essaierait-il de venir m'arracher des mains *Tokyo Montana express*... ? Vers une heure du matin, je rentrais à l'hôtel Akropolys. Tout au long de la soirée, je n'avais pas eu plus de difficultés qu'un autre à mesurer ce que nous avions perdu. J'arrivai devant la réception. Le type me cligna de l'œil en prenant un air de conspirateur. Je bifurquai dans la salle d'attente en lui commandant une bouteille. De ma vie, je ne m'étais jamais trouvé aussi saoul et lucide à la fois. Je crois bien que j'aurais été capable de tenir sur une jambe mais je me laissai tout de même aller dans un fauteuil. La lampe du plafond semblait survoltée. C'était comme dans cette nouvelle où il avait illuminé sa grange avec des ampoules de 200 watts... Times Square, Montana.

13

bon, tout était si calme, sans compter que de tendres sentiments m'assaillaient avec cette histoire de numéro 4, mais je ne devais pas me laisser aller.

Courbé en deux, j'ai remonté le chemin qui nous séparait des Dazatte. Il y avait de la lumière chez eux. Si j'avais eu affaire à un type normal, je serais allé lui parler et nous aurions sans doute pu régler ce problème d'une manière ou d'une autre, seulement Geoffroy S. Dazatte n'avait pas d'enfant et il me haïssait. J'avais écrit un article sur son dernier roman, quelques années plus tôt. Or, dans ce métier, dire du bien d'un écrivain ne vous rapportera jamais rien, mais dites seulement un mot de travers et vous vous ferez un ennemi à coup sûr. Je n'étais simplement qu'un petit salaud, un jaloux, un crétin, un écrivain raté pour bon nombre d'entre eux. Mais pour G. S. Dazatte, j'étais bien plus encore. J'étais sa bête noire, celui qu'il aurait souhaité voir mourir à petit feu.

Mon terrain s'arrêtait à mi-chemin, le sien continuait jusqu'à la route, sur environ deux hectares. Lorsque la mairie avait mis certaines parcelles en vente, Dazatte en avait profité. Il y avait toujours eu des tondeuses à gazon dans ma vie, enfin ce genre de choses qui viennent bouleverser vos projets. Mais bref, je n'étais pas là pour redistribuer les terres. J'ai jeté un

J'invitai le gars à partager la bouteille avec moi. Non, il n'avait jamais entendu parler de Richard Brautigan mais il sortit une petite boîte de sa poche et la posa devant moi en souriant. Je lui expliquai que Brautigan était une des bonnes raisons d'aimer la vie, j'étais à deux doigts d'envoyer un torrent de larmes à travers la pièce mais il me souriait de toutes ses dents et m'invitait à ouvrir mon petit cadeau. C'était du papier à rouler. Cinq paquets neufs. Il les avait négociés dans un bar du Pirée, il avait fait le chemin exprès pour moi.

Je m'en suis roulé une d'une main tremblante, de ma longue main tendre et fragile d'écrivain. Je ne savais comment le remercier. Je ne savais pas par où commencer.

« Richard Brautigan... j'ai murmuré. Son nom c'était Richard Brautigan. »

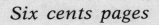

Six cents pages

Nous étions dans nos chaises longues, Édith et moi. A la suite des éboulements de l'hiver, nous avions perdu trois bons mètres de terrain et le cabanon où je rangeais le matériel de jardin s'était abîmé dans l'océan avec ma tondeuse à gazon, une Sabo de 7 chevaux qui m'avait coûté les yeux de la tête quelques années plus tôt. Je n'étais pas très emballé à l'idée d'engager de nouveaux frais dans cette branche mais je subissais certaines pressions de la part de mon entourage, d'autant plus vives que le type de la baraque d'à côté venait de s'acheter une **AS Motor Quattro** de 10 chevaux, à trois vitesses, et qu'il en abusait.

Les mollets d'Édith étaient zébrés de fines éraflures blanches. Les chardons avaient envahi notre coin préféré, comme si en s'effondrant la falaise avait crevé des œufs et que nous eussions désormais eu à subir l'effroyable invasion d'une armée de petits salopards hérissés qui nous prenait à l'abordage, passait sous nos transats et s'étalait vers la maison. Si l'on se penchait par-dessus bord, on était saisi par l'ampleur du phénomène, une tenture mauve et argentée qui flottait jusqu'au pied de l'océan, une trentaine de mètres en contrebas, et qui semblait s'étendre jusqu'à la frontière espagnole.

Geoffroy S. Dazatte, le type qui s'était offert une AS Motor, me regardait en souriant lorsque je sortais de chez moi.

Les mollets d'Édith étaient le seul nuage du ciel. Je n'avais pas envie de m'acheter une tondeuse à gazon mais il faisait si doux que je n'y voyais plus très clair dans mes sentiments. J'éprouvais régulièrement cette sensation de fragilité aux alentours de sept heures du soir, lorsque j'étais posté dans ma chaise longue, aux côtés d'Édith et que baigné d'un soleil silencieux je mariais les vapeurs océanes à quelques doigts de Glenfiddich®.

Cette fin d'après-midi n'était pas plus radieuse que celles dont nous avions profité depuis le début de la semaine. Il n'y avait rien dans l'air, rien de plus que les autres jours. Pourtant j'ai tiré de ma poche toute une série de réservations pour les Rencontres internationales de Piano. Et avant qu'elle ne m'ait sauté au cou, je lui ai annoncé que j'allais régler cette histoire de tondeuse et qu'elle avait raison, que c'était plus urgent que la peinture de mon Aston Martin. Son journal lui est tombé des mains.

A ce moment-là, nous avons entendu de sombres appels en provenance de la maison, des sortes de braiments vaguement humains. Édith m'a jeté un coup d'œil alarmé. Une mère reconnaît toujours la voix de ses enfants. Moi aussi, mais elle avait gardé ses sandales et elle courait plus vite. Lorsque je suis arrivé dans la cuisine, elle était déjà aux genoux du blessé. Maxime grimaçait sur une chaise. Il y avait du sang et une jambe de pantalon déchirée, puis j'ai croisé son regard. « Oh dis donc, je crois que c'est moche... ! » a-t-il lâché d'une voix blanche.

Ce n'était pas si terrible que ça. Les crocs s'étaient enfoncés bien droit, sans déchirer la chair et il ne saignait plus. Édith avait soigneusement désinfecté les plaies cependant que j'étais allé vérifier la validité des vaccins dans son carnet de santé.

Je me suis assis à côté de lui tandis qu'elle le pansait. A l'aide d'une pince à épiler, j'ai entrepris d'ôter les multiples épines qui s'étaient enfoncées sous mes pieds.

— Je t'ai répété plus de cent fois de te méfier de ce chien, n'est-ce pas... ? Et je t'avais interdit d'aller faire du skate de ce côté-là. Tu vois le résultat... ?! Et encore, tu as eu de la chance qu'il t'ait laissé filer... Sacré nom,

Maxie, un schnauzer serait capable de t'égorger un bœuf...!

— Justement. J'ai bien envie d'appeler la police... a déclaré Édith en posant son regard sur moi.

— Non. Pas question.

Elle s'est dirigée vers le téléphone.

— Écoute, Édith... Je ne suis pas sûr de vouloir payer une amende pour violation de propriété privée. Je parie qu'ils vont nous demander ce que notre fils fabriquait chez les voisins.

Elle serrait le combiné dans sa main. Son visage était froid comme du marbre mais elle hésitait à composer le numéro. Elle devait se dire que j'avais peut-être raison pour une fois. Malgré tout, je me tenais prêt à bondir sur l'appareil. Puis nous avons échangé un nouveau coup d'œil.

— Mais Lou,... ils vont jouer là-bas depuis qu'ils sont nés...! a-t-elle pratiquement gémi.

— Bon sang! Mais quand vous mettrez-vous dans la tête que ce terrain est désormais *clôturé* et que vous n'avez plus rien à y faire...?!

Maxime s'est avancé vers sa mère en traînant la jambe et lui a noué ses bras autour de la taille. Je connaissais d'avance les mots qu'elle allait prononcer, c'était comme si je les sentais déjà grésiller sur ma poitrine.

— N'empêche... est-ce que c'est une raison pour que nous laissions dévorer nos enfants...?!

Mathias avait seize ans de son côté, mais je ne me sentais pas rassuré pour autant. Il rentrait souvent à la nuit tombée et j'étais persuadé qu'il coupait à travers la propriété des Dazatte malgré qu'il me jurât toujours le contraire. Enfin, si Dieu me le permettait, j'allais mettre une bonne correction à cet imbécile de chien, en tout cas pour ce qui était de lui faire passer le goût du pain, je n'avais pas besoin de la police.

Avec ma crosse de hockey, j'ai effectué lentement quelques moulinets au milieu de la pièce. Édith était un peu inquiète mais son regard brillait. Il y avait vingt ans que j'avais raccroché ma tenue au vestiaire. Sans avoir jamais égalé Bobby Hull, je m'étais pas mal débrouillé dans l'équipe universitaire. Édith n'avait loupé aucun de mes matchs et je portais son numéro préféré, le numéro 4. Je ne savais pas ce qu'il me restait au juste de ma dextérité d'antan mais j'estimais que je pouvais encore descendre un schnauzer en plein vol.

J'ai cligné de l'œil à Maxime — il n'en revenait pas que ce géant casqué fût son père —, embrassé Édith sur les lèvres, puis je me suis glissé dehors. Le jour était tombé. Une petite brise montait de l'océan et ma pelouse ondulait avec un léger bruit de papier froissé — les chardons cliquetaient ou crissaient selon que le vent tournait. L'air brillait, la lune sentait rapide coup d'œil autour de moi, puis j'ai sauté hardiment la haie de l'écrivain.

C'était un superbe endroit pour faire du skate. Autrefois, une petite allée goudronnée descendait vers la falaise au milieu des pins parasols et il y avait pour s'asseoir et se reposer quelques bancs de béton armé en forme de branchages. Dazatte allait certainement finir par raser tout ça. J'étais peut-être l'une des dernières personnes à pouvoir profiter de ces bancs et j'allais m'en essayer un lorsque j'ai entendu grogner.

Je me suis redressé d'un bond, fouetté par une sueur glacée. Tous les poils de mon corps se sont électrisés et le sang a quitté mon visage. « Où es-tu, bougre d'e...?! Sors de là, f... de p...! » me suis-je emporté, tremblant de tout mon être. Où se cachait-il, ce damné animal ? Au lieu de me prendre par surprise, l'idiot a grogné une nouvelle fois et j'ai pu le repérer. On aurait dit les mâchoires d'un crocodile, ses babines semblaient retroussées par des pinces à linge. J'ai ramené la crosse par-dessus mon épaule. Il ne manquait plus que le public pour que renaquît ce vieux numéro 4.

Le lendemain, en sortant de chez moi, j'ai reconnu la voiture du vétérinaire. Je me suis approché de la haie de mon voisin et j'ai aperçu le schnauzer sous un parasol, couché dans un panier d'osier et emmailloté de bande-lettes. Aussitôt, Dazatte a surgi de son perron comme si les pans de sa chemise avaient pris feu.

« Qu'est-ce que vous voulez... ? ! Que regardez-vous... ? ! » Il était si furieux que de petites plaques rouges constellaient sa figure et son cou.

« Je suis sur un chemin communal » j'ai répondu.

J'ai fait demi-tour vers ma voiture.

« Nom d'un chien... ! Ça ne se passera pas comme ça... ! ! » a-t-il explosé. Il est sorti à son tour et s'est mis à m'en dire de toutes les couleurs mais je l'ai ignoré. Il pouvait bien hurler qu'il savait que c'était moi, il n'était pas près de le prouver. La journée était belle.

Lorsque j'ai démarré, il a sauté dans sa voiture et s'est porté à ma hauteur, toutes fenêtres ouvertes, pour continuer à m'invectiver. J'aurais voulu que ses lecteurs l'entendissent, à jurer ainsi comme un charretier. Pour ma part, j'ai accéléré un peu.

A nouveau, la puissante Mercedes — une 500 SE flambant neuve — apparut à mes côtés. Malgré les ornières et la relative étroitesse de la voie, il conduisait d'une seule main et brandissait un poing rageur dans ma direction tout en s'égosillant. Derrière nous, une épaisse colonne de poussière grimpait sombrement vers le ciel. J'ai fini par lui glisser un regard sibyllin. Peut-être se figurait-il que je conduisais une trottinette ? En 1956, Stirling Moss avait couru les 24 heures du Mans sur un modèle identique. Je suis passé devant.

La plupart des écrivains sont des atrabilaires. Ainsi, Geoffroy S. Dazatte m'a collé au train avec une rage maladive. Klaxonnant comme un épileptique et me harcelant d'appels de phares tandis que je le tenais dans le poudroiement de mon panache et que je donc l'aveuglais proprement, il paraissait avoir perdu la plus élémentaire prudence. A tout hasard, j'ai bouclé ma ceinture car il y avait un STOP au bout du chemin.

Je n'allais pas perdre mon temps à discuter avec lui. J'ai attrapé mon Polaroïd dans la boîte à gants et je suis descendu pour prendre les clichés nécessaires. Le choc l'avait dégrisé. Il était blanc comme un linge mais c'était surtout la poussière.

« Vous me reconnaissez... ? lui ai-je demandé. Je vous envoie mon agent d'assurances. »

Je l'ai planté là. Il avait l'air sonné mais je n'éprouvais aucune espèce de pitié pour lui. De tels enfantillages ne méritaient qu'indifférence, et surtout pas qu'on en plaignît l'auteur, encore tout ahuri qu'il fût d'avoir été coiffé sur le poteau.

Cela dit, je venais de gagner une peinture neuve — je connaissais un carrossier dans le

Vieux Bayonne qui avait jadis travaillé aux ateliers Zagato, en Italie et qui m'avait en estime. Tout d'un coup, l'achat d'une tondeuse ne m'est plus apparu comme un abominable crève-cœur. Je suis descendu en ville avec un bras à la portière.

A mon retour, j'ai reconnu la voiture du médecin, stationnée devant l'entrée des Dazatte. De gros nuages sombres s'avançaient en rangs serrés de l'horizon mais je n'y ai pas vu de funeste présage. Geoffroy S. Dazatte se sentait mourir au moins une ou deux fois par an, de préférence lorsque les choses n'allaient pas comme il le désirait. Par contre, l'orage qui se préparait au loin n'était pas du flan. Il n'y avait plus le moindre souffle d'air et l'océan changeait de couleur et commençait à se ramasser sur lui-même. Ça me rappelait de mauvais souvenirs. La dernière fois, c'était tout un pan de la falaise qui avait sombré dans les flots. Et mon cabanon, et un bon morceau de mon terrain avec.

« Vous avez tué mon mari ! Vous avez tué mon mariiiii... ! ! » Cette fois, c'était Laurie-Laure Dazatte qui traversait la pelouse comme une dératée et accourait vers moi à ces drôles de cris. Elle était encore une assez jolie femme. Parfois, je sortais avec mes lunettes noires pour tailler ma haie lorsqu'elle prenait un bain de soleil et mes deux fils se bousculaient à mes côtés, jusqu'à ce que leur mère nous rappelle à l'ordre. La voyant ainsi foncer sur moi, j'ai reposé ma tondeuse en vitesse pour m'occuper d'elle.

J'ai attrapé ses poignets in extremis. Les Dazatte étaient le plus beau couple d'excités qu'on pouvait imaginer ici-bas et ils étaient mes voisins. Je n'arrivais pas à le croire. J'imaginais qu'une aventure avec une femme de cet acabit, ce devait être votre peau ou la sienne.

« Arrêtez vos conneries... Je n'ai tué personne » ai-je répliqué en fixant la lueur vipérine qui poignait à son regard tandis que je lui tordais les bras. Par chance, le médecin était sur ses talons et il m'en a débarrassé après avoir levé les yeux au ciel. Tout le monde ici savait à quoi s'en tenir. Ne fût-ce que pour une demi-bouchée de pain, je ne connaissais personne du coin qui m'aurait acheté ma baraque. Pas avec les Dazatte à moins d'un jet de pierres.

Édith m'a trouvé ombrageux. Je lui ai raconté l'histoire et la toute fraîche empoignade signée Laurie-Laure. Puis je l'ai enlacée pour me changer les idées, j'ai posé mon menton sur son épaule et demeurant immobile, j'ai observé le ciel par la fenêtre, l'horizon fuligineux et l'océan qui se couvrait d'une écume blafarde. Je savais ce qui se préparait. Un vol serré de goélands a rasé le toit de la maison en s'enfuyant vers les terres.

Je suis sorti pour mettre les chaises longues et les parasols à l'abri, arrimer tout ce qui pouvait s'envoler et rentrer la voiture au garage. Ensuite, j'ai entamé une partie de Mikado avec Maxime, mais j'étais beaucoup plus attentif aux petites vibrations du plancher — le choc des vagues contre la falaise se répercutait à travers le sol jusque sous mes pieds nus — qu'au sort des baguettes. Mathias était devant la télé. Édith nous préparait quelque chose à manger en fredonnant *La Ballade de Mary Sanders*. La lumière du dehors devenait franchement lugubre et de solides rafales de vent nous éperonnaient. Mais qui s'en souciait dans cette maison, à part moi ? Ne sentaient-ils pas l'immensité des forces prêtes à se déchaîner, n'avaient-ils pas à l'esprit l'image d'un chien qui secouerait ses puces... ?

J'ai grimacé un sourire satisfait après que l'un de nos carreaux eut volé en éclats et qu'en chœur nous eûmes sursauté avec des yeux ronds. Je croyais pourtant qu'il n'y avait pas lieu de s'alarmer, que seule une nature un peu sensible pouvait les avoir à zéro... eh bien, que disaient-ils de ça... ?!

« Ce n'est rien. Pas de panique... ! » ai-je lancé en m'éjectant de mon siège, les cheveux dressés sur la tête en raison du tirage. Tout autour de nous, les rideaux dansaient, de menus objets tournoyaient dans le salon, d'autres titubaient ou bien se renversaient par terre. « Je pense que le moment est venu de fermer les volets. » Cinq minutes plus tôt, une telle proposition m'aurait valu quelque misérable mise en boîte, mais à présent, ils étaient tous d'accord. Stoppé dans mon élan par la regrettable présence de bouts de verre sur le sol, je me suis dirigé calmement vers la fenêtre au travers de laquelle s'engouffrait la mini-tornade.

C'est alors qu'un deuxième carreau s'est pulvérisé. J'ai trouvé ça bizarre. Le temps d'un éclair, j'ai commencé à me poser des questions.

Puis un troisième est descendu. « Comment ça... ? Qu'est-ce que ça veut dire... ? ? ! » ai-je murmuré.

« Lou, que se passe-t-il... ? ! ! »

Le cri angoissé d'Édith m'a électrisé.

« Tout le monde à terre... ! ! » ai-je glapi.

J'ai renversé la table et j'ai mis tout le monde à l'abri.

« Lou... » a-t-elle commencé, puis elle s'est mordu les lèvres. Je l'ai rassurée en lui caressant la joue et je lui ai répété que nous n'avions pas besoin de la police, qu'il ne fallait pas chercher les complications. J'ai demandé aux garçons de bien veiller sur elle, car j'aimais cette femme plus qu'il n'était permis. Après quoi, je me suis glissé dehors avec ma crosse.

Ma pelouse avait la taille idéale pour dissimuler un homme à plat ventre. N'eussent été les chardons qui me dévoraient au passage et tempéraient ma jubilation, j'aurais pu me féliciter d'une telle négligence. Le vent hurlait, l'océan se fracassait sur la falaise, du ciel ne tombaient plus que de sinistres lueurs glauques, quasiment infernales, mais une telle rage me saisissait que je me sentais dans mon élément (« Je roule vers toi, ô baleine, massacre de tout... », etc.).

Je les ai aperçus de l'autre côté de la haie. Aussitôt, un couinement aigu s'est échappé de ma poitrine. Par bonheur, il y avait un tel vacarme que j'aurais pu crier sans qu'ils ne m'entendissent, d'autant plus qu'ils étaient à se disputer le fusil, chacun tirant l'arme de son côté.

J'ai fermé les yeux un court instant, en proie aux sentiments les plus violents qu'on pût imaginer. Puis j'ai repris ma route, rampant sur les cailloux du chemin et abandonnant ma crosse pour limiter les dégâts.

Laurie-Laure était en train d'épauler lorsque je me suis dressé à leurs côtés. Geoffroy s'impatientait, trépignait littéralement sur place, la mettant au défi d'achever mon antenne de télévision. J'ai blêmi. Malgré que ce fût une femme, je lui ai balancé une droite au menton et elle s'est étalée dans l'herbe. Geoffroy s'est figé. Ce n'était pas la peur, mais une amère et douloureuse surprise qui lui décrochait la mâchoire. J'en ai profité pour lui sauter à la gorge.

Les mains refermées autour de son cou, je l'ai secoué et secoué, l'agonisant d'injures que la furiosité du vent emportait avant même qu'elles ne l'atteignissent. Il grimaçait, roulait des yeux, se pendait à mes poignets tandis que je l'agitais dans tous les sens. C'était bon. Je ne me lassais pas de l'étrangler dans ce décor sinistre. Je lui redonnais un peu d'air de temps en temps pour faire durer le plaisir et l'on recommençait.

Quand soudain, il s'est produit une chose terrible. J'ai lâché Geoffroy sur-le-champ. Nous nous sommes regardés tous les deux comme si une lance nous avait embrochés de part en part, immobiles, le souffle coupé, les yeux larmoyants sous les rafales. Puis nous avons de nouveau tourné la tête en direction de sa baraque, ou du moins ce qu'il en restait.

« Non, Seigneur Jésus... ! Pas ma bibliothè- que... !!! » Jamais de ma vie je n'avais entendu un hurlement aussi déchirant. Il a glissé à mes pieds et s'est recroquevillé sur le sol, le front planté dans l'herbe. J'étais rudement embêté. Je suis resté un instant à fixer le trou noir qui venait d'emporter la moitié de sa maison avec un morceau de la falaise. Il y avait un lampa- daire allumé qui se balançait au-dessus du vide et un tapis qui flottait au vent. Je me suis accroupi à ses côtés, ai risqué une main sur son épaule.

« Soyez courageux... ! lui ai-je crié à l'oreille. Je vous prêterai quelques livres... ! »

« Quels livres... ? ! a-t-il vociféré. Mon manuscrit s'est envolé ! Six cents pages écrites à la main... !! »

Je reconnaissais que c'était dur. Personnellement, je ne me sentais pas le courage de m'attaquer à un roman et je ne voulais pas devenir cinglé. Je lui ai ôté le fusil des mains alors qu'il s'introduisait le canon dans la bouche et je l'ai jeté par-dessus bord.

Et comme il se mettait à pleuvoir et qu'il se recouchait sur le sol, je l'ai forcé à se relever en employant des mots apaisants et nous sommes allés nous occuper de sa femme, chacun la prenant par un bras pour l'aider à marcher, le dos tourné à leur maison et giflés par les gouttes qui s'ajoutaient à l'histoire et nous hâtant vers chez moi à demi suffoqués, oh Édith nous avons les Dazatte à dîner pour ce soir et peut-être les garderons-nous pour la nuit, ma chérie.

Comme à la mort de mon père

Durant toute une année, j'avais été secrètement amoureux de Lisa Jordaens. Elle n'avait que deux ans de plus que moi mais je ne l'intéressais pas du tout et je me contentais de la désirer en silence. Même David, son frère, qui était pourtant mon meilleur ami, n'en savait rien.

Le soir, avant de m'endormir, je croisais mes mains derrière la tête et je pensais à elle en regardant le plafond. Son visage m'apparaissait doucement tandis que mon cœur s'arrêtait. Je n'échafaudais aucun plan pour la séduire, d'ailleurs jamais une telle idée ne m'avait effleuré. Je comprenais parfaitement bien que ces quelques années qui me manquaient cruellement rendaient la chose impossible. Je n'espérais rien. Je ne priais pas pour qu'on m'accordât la moindre petite chance. J'étais simplement heureux de pouvoir penser à elle quand j'avais un moment.

L'amitié qui me liait à David n'était pas un affreux calcul de ma part. On l'avait désigné pour me servir de guide lorsque j'étais arrivé à l'école et bien que nous fussions totalement différents l'un de l'autre, on nous trouvait ensemble la plupart du temps, même si je ne me perdais plus dans les couloirs et avant même que je n'aie posé un regard sur Lisa.

Je savais qu'il avait une sœur. Je n'y avais pas vraiment prêté d'attention sur le coup et je n'y pensais plus. Jusqu'au jour où je devais tomber nez à nez avec elle.

J'étais sale et puant. Les Jordaens habitaient une grande maison, dans le quartier chic de la ville, mais ils étaient absents pour quelques jours et David pouvait me prêter un pantalon et tout ce qu'il fallait pour me changer, histoire de gagner du temps. C'était la première fois que je venais chez lui. Nous étions rouges et couverts de poussière. Certaine chicane avec des types de troisième année avait un peu tourné à l'aigre et nous avions perdu un temps précieux. David était fou de rage, il ôtait ses affaires et les jetait à travers la chambre, jurant que si jamais nous rations une seule minute du concert à cause de ces abrutis... puis il a filé sous la douche.

Je me suis laissé choir dans un fauteuil de cuir qui à mon avis devait bien coûter le prix de ma pension à l'école, au moins pendant toute une année ainsi que les frais d'inscription. Ces imbéciles nous avaient poursuivis sur une bonne distance et c'était une douce et tiède journée d'automne, la sueur continuait à couler sur mon front, je sentais mes cheveux collés à mon crâne comme au sortir d'un bain turc et d'énormes auréoles apparaissaient sous mes bras couverts de salissures. Je n'aurais pas aimé être présenté à qui que ce soit dans cet état, cette simple idée m'aurait rendu malade. A vrai dire, j'étais un garçon assez timide et d'un naturel plutôt soigneux, il me tardait que David me laissât la place.

C'est alors qu'elle est entrée. Je souriais d'une manière idiote en pensant à cette légère échauffourée, à la façon dont nous nous étions serré les coudes, David et moi. J'ai senti quelque chose se déchirer à l'intérieur de ma poitrine. J'ai rapidement baissé les yeux et tenté de disparaître à six pieds sous terre tandis qu'elle traversait la chambre. Son regard m'avait simplement effleuré mais le sang battait à mes tempes et tout mon être me répugnait. Elle a demandé à David ce que nous fichions à la maison. J'étais si mal à l'aise que mon trouble ne pouvait empirer, elle aurait tout aussi bien pu s'enquérir du ruisseau dans lequel on m'avait ramassé ou se pincer les narines. J'étais comme foudroyé sur mon siège. Et en même temps, je savais que j'allais l'aimer jusqu'à la fin de mes jours. Et rien dans ma vie ne m'était encore apparu aussi clairement.

J'allais bientôt avoir seize ans. Je ne l'avais jamais fait avec une fille. Chaque fois que je croisais Lisa dans les couloirs de l'école, ma gorge se nouait et je devais rassembler mes forces pour continuer mon chemin comme si de rien n'était. Je me serais jeté au feu plutôt que de laisser un quelconque sentiment me trahir, je nourrissais pour elle un amour invincible.

Elle ne nous adressait jamais la parole lorsque nous passions près d'elle. Pour David, ce n'était qu'une petite bêcheuse et d'une sorte de commun accord, tous deux s'ignoraient positivement ou n'échangeaient qu'un de ces vagues regards qui me désolaient jusqu'au fond de l'âme, étant moi-même si distraitement visé. Mais je ne lui en voulais pas. Des types plus âgés la ramenaient en voiture à la sortie des cours et je ne lui en voulais pas davantage. Bien entendu, mon cœur se serrait, mais je comprenais tout ça, je savais que je n'y pouvais rien.

Lorsque David m'amenait chez lui, les choses se passaient un peu mieux. Non qu'elle me portât une attention très particulière, mais il me semblait que ma présence ne la gênait pas, et c'était tout ce que je demandais. La plupart du temps, elle se promenait en peignoir de bain, les cheveux défaits et traînant pieds nus dans de vieux mocassins jusqu'à l'heure de son prochain rendez-vous. Et si l'on frappait à la porte avant qu'elle ne fût tout à fait prête — ce qui était toujours le cas —, elle disparaissait aussitôt dans sa chambre et n'en redescendait qu'après certaines transformations destinées à la mettre en valeur. Le type qui l'attendait en avait les yeux qui brillaient comme de la salive. Quant à moi je l'aimais indifféremment, qu'elle sortît de sous la douche ou qu'elle eût joué de cosmétiques. J'étais le seul étranger à la famille Jordaens qui fût admis dans les parages lorsque par exemple elle s'épilait les jambes au bord de la piscine ou s'appliquait un masque sur le visage ou sur le crâne je ne savais quelle mixture que soi-disant utilisaient les femmes de l'ancienne Égypte. Je ne la dérangeais pas. J'étais toujours prêt à lui rendre quelques menus services, comme d'aller lui chercher un verre ou des cigarettes ou quoi que ce fût qui pouvait l'arranger.

Toutefois, je prenais garde de ne pas trop en faire. Bien qu'il m'en coûtât, je mesurais le nombre de mes interventions auprès d'elle et les prodiguais tout aussi bien envers David ou ses parents lorsque j'en avais l'occasion. Tout le monde me trouvait très gentil — ce que j'étais d'ailleurs, sans avoir à me forcer — et je savais jusqu'où je pouvais aller sans passer pour un imbécile. Ainsi, prenant de sévères précautions, personne ne se doutait du feu qui me dévorait, pas même l'intéressée, j'aurais pu en jurer. Je ne crois pas qu'à aucun moment l'on m'eût surpris lui portant un regard éna- mouré ou m'empressant à ses côtés de manière un peu louche. Je maîtrisais chacun de mes élans, bien décidé à emporter mon secret dans la tombe. Je lui vouais un amour impeccable et j'en tirais une telle fierté que parfois mon calvaire me semblait délicieux.

A la fin de l'hiver, on s'étonnait chez les Jor- daens lorsque je n'étais pas là. Si je l'avais voulu, cette maison aurait pratiquement été la mienne, mais je craignais qu'on finît par se las- ser de moi et me forçais à rester quelques jours sans mettre un pied chez eux chaque fois que j'en avais le courage. Il n'était pas rare autrement qu'on me gardât à dîner si j'étais encore là et la chambre d'ami m'était toujours ouverte, on me l'avait assez répété, je devais le savoir une bonne fois pour toutes.

Cette fameuse chambre, j'en avais des sueurs froides rien que d'y songer. Lorsque je décidais de rester, j'étais comme pris de ver- tige en grimpant l'escalier, la tête me tournait à l'idée de ce qui m'attendait. Cette chambre était à la fois mon paradis et mon enfer, le lieu où ma douleur atteignait à son comble aussi bien que ma félicité.

Je tombais à genoux devant la serrure. Je fermais les yeux durant quelques minutes ou j'appuyais mon front contre le mince panneau qui séparait nos chambres et je tentais de résister. Je l'entendais qui bougeait, de même que j'entendais une voix qui me harcelait et m'ordonnait de me relever si j'étais autre chose qu'un salopard indigne. Je me tordais les doigts puis j'y collais brusquement mon œil, ravalant une plainte enragée.

Lorsque j'avais de la chance, elle se déshabillait juste en face de moi et lorsque le ciel me souriait vraiment, je pouvais lorgner sa poitrine et les poils de son bas-ventre au point que j'en avais des larmes qui me montaient aux yeux. Je pleurais carrément quelquefois, et sans savoir pourquoi au juste, mais de lamentables gouttes coulaient tranquillement au long de mes joues tandis que je l'observais. Jamais je ne me sentais aussi désemparé qu'en de telles occasions. Jamais aucune épreuve ne m'avait semblé si terrible.

C'était en général au lendemain de séances particulièrement exhaustives que je disparaissais. Pour quelques nuits d'affilée, je retrouvais la chambre que je partageais avec un type de ma classe et j'attendais que le sommeil me vienne en réfléchissant sur ma conduite. « A quoi bon, puisque tu ne l'auras jamais... ! me disais-je. Ne trouves-tu pas que c'est encore plus dur, à présent ? Ne valait-il pas mieux te contenter de son visage, vas-tu remuer ce couteau dans la plaie encore et encore et continuer à l'espionner comme un malade mental, n'as-tu donc jamais vu une fille à poil de ta vie... ? »

Je ne pouvais pas m'empêcher de recommencer, malgré tout. Je comprenais parfaitement bien que c'était une comédie ridicule, que ma frustration ne faisait qu'augmenter et que cette affaire ne me grandissait pas, mais je retombais à genoux devant cette sacrée porte aussi sûrement que si j'y avais été enchaîné. Ce misérable acharnement me rendait perplexe. Y avait-il de ces manies qu'on ne pût réprimer ici-bas ?

Les mois passaient mais la vie demeurait immobile. David s'était trouvé une petite amie et me délaissait un peu. Ça tombait bien de toute façon, j'avais envie d'être seul la plupart du temps et je lui disais de ne pas se casser la tête. D'ailleurs, ses notes s'en ressentaient et comme nous approchions des examens, nous nous retrouvions chez lui en fin d'après-midi et je l'aidais à travailler ses maths, ce qui faisait que je la voyais tous les jours. Pendant que ce crétin transpirait sur son exercice, je me levais et sortais dans le jardin et je la regardais discrètement et j'étais toujours aussi follement amoureux d'elle. Aucune fille de mon âge ne lui arrivait à la cheville. Et quel ennui j'éprouvais en leur compagnie, quelles lueurs blafardes alors que Lisa resplendissait à mes yeux ! Son père me taquinait quelquefois, il s'étonnait que je ne m'en sois pas encore déniché une et m'exhortait à n'être pas aussi timide. Je le haïssais lorsqu'il m'entreprenait sur ce sujet, je détournais mon regard, et lui, pensant me réconforter, passait son bras par-dessus mon épaule et me débitait quelques stupidités sur la vie.

Les nuits étaient calmes et chaudes. J'aimais sincèrement cette famille mais par moments, je ne les supportais plus. Je ne savais pas vraiment pourquoi. Je me sentais irritable et devais surveiller certains mouvements d'humeur. J'écourtais les soirées dans la mesure du possible. Ou bien je m'enfermais dans la chambre aussitôt que je pouvais m'échapper. Qu'on vînt la chercher et qu'elle ne rentrât qu'au beau milieu de la nuit m'était parfaitement égal. Je l'attendais. Je n'étais pas jaloux, je ne me torturais pas en l'imaginant dans les bras d'un autre. Tout cela ne m'intéressait pas, je l'attendais avec les yeux grands ouverts, étendu en travers du lit et errant dans un monde sans issue mais à aucun prix je n'aurais cédé ma place car sitôt que je l'entendais monter l'escalier — elle ne faisait pas le moindre bruit mais un long frisson me parcourait —, sitôt qu'elle se glissait à l'intérieur de sa chambre, je me dressais dans l'obscurité et tel un automate, je m'avançais jusqu'à sa porte et me penchais vers le trou de la serrure illuminé.

Et puis c'est arrivé. C'était donc cette

période d'examens qui mordait presque sur l'été et je commençais à manquer de sommeil. Katia et Robert Jordaens s'étaient absentés depuis une semaine, nous laissant la maison avec les recommandations d'usage et ils venaient juste de rentrer. Lisa était sortie tous les soirs et plus d'une fois, j'avais vu le jour se lever avant qu'elle ne regagnât sa chambre. Je ne savais pas si elle trouvait le temps de travailler, n'étant jamais debout avant midi, mais quant à moi, je mettais le réveil à sonner et je me plongeais dans mes révisions en poussant d'affreux bâillements et m'avalant du café à tour de bras après de pâles allers et retours dans la piscine. Je tenais à peine sur mes jambes, ce soir-là. J'avais conscience d'avoir atteint mes limites. D'ailleurs en m'embrassant, Katia l'avait remarqué et m'avait demandé si tout allait bien, si même j'en étais sûr. Mais je refusais de lâcher prise, je m'obstinais comme un chien enragé alors que la moindre étincelle de raison me commandait de prendre ne serait-ce qu'une seule nuit de repos à l'écart de cette maison. C'était plus fort que moi. Durant toute la journée, je ne vivais plus que pour ces quelques minutes au cours desquelles un océan de feu me tombait sur la tête, et la fatigue aidant, ce petit jeu tournait à l'idée fixe.

Avant que nous passions à table, je suis allé m'asperger la figure, puis à la fin du repas, j'ai bu du café et j'ai tenu bon pendant une heure en compagnie de David et ses parents. Lisa avait menti, prétendant qu'elle s'était couchée bien sagement tout au long de la semaine et je m'en étais mêlé, j'avais dit que c'était la pure vérité sans qu'elle m'accordât pour autant le moindre sourire de remerciement et elle était sortie à nouveau et c'était vrai qu'elle ne m'avait rien demandé non plus. Je me pinçais, je croisais les jambes, je m'attrapais la nuque. Grâce à moi, David avait retrouvé un niveau honorable en maths et son père m'envoyait quelques tapes affectueuses dans le dos sans lesquelles j'aurais piqué du nez sur le tapis malgré qu'il fût en train de me proposer certain séjour avec eux pour les vacances, que si je le désirais il pouvait téléphoner à mon beau-père et tout arranger avec lui. Par instants, je dormais carrément les yeux grands ouverts.

Une fois dans la chambre, j'ai rassemblé mes dernières forces. J'ai tourné en rond autour du lit, titubant et trébuchant dans l'obscurité car bien entendu il était hors de question qu'elle avisât une quelconque lumière à ma fenêtre. De même que j'hésitais à faire couler la douche. Le silence et les ténèbres demeuraient mes seuls alliés, mais s'avéraient également de redoutables compagnons, lessivé comme je l'étais. J'ai résisté pendant des heures, me défendant de rester en place ou, alors que mes jambes ne me supportaient plus, m'asseyais au bord du lit et me mordais les avant-bras. J'ai pensé que cette nuit ne prendrait jamais fin et que je luttais contre une force bien plus terrible que le sommeil. Mon dos me faisait mal, ma tête absurdement dodelinait et je songeais à m'arracher les yeux tant leur brûlure m'était insupportable et ainsi de suite, jusqu'au moment où je l'ai entendue rentrer.

Il était trois heures du matin. Je n'en pouvais plus. Je me suis pourtant traîné jusqu'à mon poste, grimaçant de faiblesse et quasi comateux. Pardi, je n'avais pas dû dormir plus de vingt heures au cours de cette semaine, j'aurais voulu les y voir. Et quelle calamité qu'un pareil épuisement, quel dommage que tant de fatigue accumulée s'abattît brusquement sur moi au moment où ma bien-aimée démarrait son strip-tease ! Enfin bref, je ne sais pas très bien ce qui est arrivé. J'ai dû m'endormir. Me suis-je alors lourdement avachi contre la porte... ? Ai-je poussé quelque dernier soupir vagissant... ? Toujours est-il que ça s'est ouvert et que je me suis étalé dans sa chambre, ni plus ni moins.

Mon corps tout entier résonnait encore de sa chute qu'un terrible effroi me saisissait. « C'est affreux ! C'est épouvantable... ! » ai-je pensé avant même de relever la tête et me recroquevillant comme un damné. Ne pouvait-on me lancer une couverture pour me soustraire à ses yeux, un éclair ne pouvait-il pas me foudroyer dans l'instant ou faire sauter les plombs, à la rigueur... ?

« Tiens, tiens... ! » a-t-elle dit.

Elle portait encore sa culotte. Si elle comptait cacher sa poitrine, elle croisait ses bras trop en dessous. Mais je ne m'arrêtais pas à ces détails, ma respiration était bloquée et mon cœur battait si vite que je sentais ma dernière heure arriver.

« Voyez-vous ça... ! » a-t-elle ajouté.

J'étais comme un renard surpris dans un poulailler avec un fusil de chasse braqué sur la cervelle. Mes lèvres tremblaient et je ne trouvais le moindre mot d'excuse. J'étais pétrifié. Moi qui d'ordinaire, en de telles circonstances, eusse baissé les yeux en rougissant, voilà que je la fixais et qu'assurément j'étais aussi pâle que la mort.

Qu'attendait-elle pour appeler au secours ou me fracasser quoi que ce soit sur le crâne ? Je préférais la seconde solution mais j'étais prêt à recevoir mon juste châtiment, quel qu'il fût. Aussi, pourquoi ne bougeait-elle pas, pourquoi son visage n'exprimait-il aucune colère, pourquoi son regard brillait-il de façon si étrange, mon Dieu pourquoi était-elle aussi jolie... ? Je lui aurais certainement tendu un poignard si j'en avais eu un sous la main. Il fallait quand même qu'elle se dépêche, sinon j'allais m'endormir à nouveau.

Elle m'a aidé à me relever. Parfait. J'aimais autant mourir debout. Puis elle m'a assis sur son lit. Très bien, c'était à elle de voir ce qui convenait le mieux au supplice d'un misérable de mon espèce. Puis tout à coup, ses lèvres se sont collées aux miennes et j'ai senti sa langue s'enfoncer dans ma bouche.

J'ai failli en avoir une syncope, comme lorsque j'ai appris la mort de mon père. Sur le coup, et tandis qu'une de ses mains filait sous mon tee-shirt, je n'aurais pas su dire si j'étais très heureux ou très malheureux, j'éprouvais un sentiment trop violent.

J'étais également effrayé, je l'avoue. C'était la première fois qu'une fille se vautrait contre moi. De manière aussi sauvage. Toutes mes expériences passées, en la matière, tout du moins les quelques attouchements que j'avais pu classer sous un tel registre, me semblaient à présent d'une ridicule inconsistance. Je n'étais pas si dégourdi que je l'avais imaginé, tout compte fait. Qui plus est, je l'aimais tant que la pureté de mon amour ne m'avait pas préparé à *ça*. Et puis j'étais si fatigué, par-dessus le marché.

Au bout d'un moment, elle s'est redressée pour voir ce que je fabriquais. Je n'en savais rien moi-même. Ses joues étaient roses. J'ai eu le sentiment qu'elle était légèrement agacée. Si je n'avais pas la berlue, ses seins avaient doublé de volume ou peu s'en fallait. Je lui ai souri puis j'ai bâillé atrocement. La dernière chose à faire, à mon avis.

Elle m'a considéré d'une manière étrange. Nous transpirions tous les deux, mais pour des raisons différentes. « Fais-le maintenant ! me suis-je dit. Courage... ! » Je devais lutter contre tant de choses à la fois... ! Oh, et le sommeil qui me harcelait et me donnait le vertige. Oh, c'était comme si la terre entière pesait sur mes épaules mais j'ai serré les dents et je me suis arraché du lit pour me tenir sur un coude. Oh, tant d'amour et de fatigue, tant de mystère me tombant sur les bras au même instant.

Et ce n'était pas tout, car une autre surprise m'attendait. J'étais en train d'échafauder un plan pour m'en aller lui caresser la poitrine ou quelque chose du genre tout en la dévorant de mes yeux congestionnés — on aurait dit un cas de myxomatose — lorsqu'un éclair de lucidité m'a transpercé de part en part. Tout d'un coup, son air lascif m'a paru vivement suspect, et comme elle respirait nerveusement au-dessus de moi, son haleine bien davantage. Ma parole, mais elle était ivre ! Mais elle avait bu ou quoi... ? Ne me dites pas une chose pareille... !

Un chagrin d'une noirceur épouvantable m'a submergé. Je suis retombé sur le lit mais je n'ai rien senti dans mon dos et ma chute s'est prolongée indéfiniment, à la mesure de mon amertume.

Elle me secouait. Son visage était dur. Elle avait son peignoir sur les épaules et m'ordonnait à voix basse de filer en vitesse. J'ai tendu mollement la main vers ses cheveux qui ruisselaient au-dessus de ma poitrine et que je n'avais encore jamais touchés. Elle m'a repoussé violemment avant que je n'aie atteint mon but. « Fiche le camp d'ici, tu m'entends... ? Sors de ma chambre ! » Cramponnée à mon tee-shirt qu'elle tiraillait dans tous les sens, elle tentait de m'éjecter du lit en m'invectivant de plus belle. Dieu sait que je ne cherchais pas à m'incruster malgré les apparences et que j'aurais voulu disparaître avant même qu'elle l'eût souhaité, mais je pesais des tonnes, il me fallait un certain temps pour me remuer. Croyait-elle que c'était si facile, que je pouvais tranquillement sauter sur mes jambes lorsque j'étais anéanti ?

Le lendemain matin, Robert Jordaens est entré dans ma chambre. Il s'est planté devant mon lit et m'a déclaré que je devais quitter cette maison. Je n'ai rien répondu. Je ne savais pas ce qu'elle avait raconté et ça ne m'intéressait pas. J'ai ramassé mes affaires. Tout était silencieux et le jour resplendissait dans la pièce. J'ai eu l'impression que je reconnaissais cette journée. Je n'ai rencontré aucun autre membre de la famille en sortant, on aurait dit un lieu abandonné ou alors que j'avais la peste.

Hier était un grand jour

Je me suis réveillé avec un mal de tête épouvantable, au beau milieu de la journée et le premier regard que j'ai posé sur le monde, la toute première impression qui a traversé mon esprit au lendemain de ma trentième année... Dieu du ciel ! J'ai fermé les yeux durant quelques minutes, me demandant si je devais oublier tout ça ou quelles étaient mes chances d'affronter dignement cette épreuve, surtout avec le crâne en mille morceaux, si jamais je les rouvrais. « Ai-je nui à quiconque... ? » me suis-je demandé. « Ai-je mérité un tel châtiment pour mon anniversaire... ? ! »

Je ne savais pas combien me prendrait Suzanne si je la faisais travailler un dimanche, mais je ne voyais pas d'autre solution.

Suzanne allait me tirer de ce cauchemar et peu importait qu'elle fût d'humeur à m'appliquer quelque tarif extravagant pour sa peine, j'étais entre ses mains, je n'allais pas discuter pour de malheureux billets — pas de chèque avec elle — dans un moment pareil, j'allais plutôt la serrer dans mes bras et lui baiser les pieds dès qu'elle franchirait ma porte. Cette pensée m'a ragaillardi, l'idée que tout allait rentrer dans l'ordre.

Je me suis levé en me tournant face au mur. Mais quels démons avais-je invités chez moi, quelle abominable horde avait bien pu camper et festoyer dans mon living-room... ?! J'avais encore l'esprit confus, la fin de la soirée m'échappait, disparaissait sous un voile inquiétant, et puis j'ai remarqué que j'étais encore habillé et j'ai soupiré, j'ai renoncé à tirer tout ça au clair pour le moment. J'ai emporté le téléphone dans la salle de bains.

— Allô, Suzanne... ?

— C'est qui à l'appareil... ?

J'ai coincé le combiné contre mon épaule et j'ai ouvert la boîte à pharmacie pour de l'aspirine.

— Sois gentil... Veux-tu me passer ta mère ?

— C'est toi, Laurence... ?

— Oui, c'est moi. Écoute, dis-lui que je veux lui parler, c'est très important.

— Elle est pas là. Je suis tout seul à la maison.

Ma migraine a empiré, subitement. J'ai fait glisser trois cachets dans le creux de ma main tandis que le monde vacillait.

— Comment ça, elle est pas là... Elle va revenir ?

54

Il ne savait pas au juste, en fait il ne savait jamais rien de rien des choses qui pouvaient intéresser un adulte. Je lui ai dit que je rappellerai, qu'il prévienne simplement sa mère que Laurence voulait la contacter de toute urgence et surtout, *surtout*, qu'il ne s'amuse pas avec le téléphone, j'ai bien insisté là-dessus, tremblant à l'idée qu'il pût section-ner les fils d'un coup de ciseaux ou démonter l'appareil pour voir ce qu'il avait dans le ventre.

Je me sentais nerveux. Je leur en voulais de m'avoir abandonné en me laissant tout le tra-vail sur les bras, comme à Suzanne de n'être pas chez elle alors que tout allait de travers dans la maison. Mais ce qui me contrariait davantage, à présent, c'était ce trou dans ma mémoire, cette incapacité stupide à me souve-nir de quoi que ce soit, disons passé une heure du matin. Je me voyais encore soufflant sur mes bougies, le cœur léger, les remerciant tous un par un de m'accorder leur amitié et me félicitant de leur présence car tout se pas-sait à merveille, je me souvenais de cette déli-cieuse ambiance, du doux murmure des conversations et moi coupant le gâteau sur les premiers accords de *Romeo had Juliette* (Lou Reed, New York, 925029 — Sire) cependant qu'on remplissait les verres pour boire à ma santé, de tous ces bras glissant sur mes épau-les, du plaisir de se sentir étreint. Mais quant à la suite, quant au restant de la soirée, j'avais beau sonder mon esprit avec acharnement, au point d'en avoir les mâchoires douloureuses, je n'en tirais pas grand-chose, en tout cas rien qui ne pût m'éclairer suffisamment. C'était même pire encore. De vagues images affleuraient par moments puis disparaissaient en un éclair et bien que je ne pouvais en identifier aucune avec certitude, j'en éprouvais un curieux malaise.

J'ai failli appeler Louise pour en avoir le cœur net mais j'ai abandonné cette idée. Il y avait d'autres moyens d'en savoir davantage, d'autant qu'un obscur pressentiment commençait à me ronger. J'étais innocent, enfin je me *sentais* innocent, ce qui revenait au même. S'il était jamais survenu quelque déplorable incident — et Dieu m'était témoin que ce n'était qu'une terrible supposition —, qu'elle considère avant tout que je ne me trouvais pas dans mon état normal, qu'elle sache que je ne me rappelais rien et qu'elle était la seule et qu'enfin *le pardon est comme le grain d'encens embaumant le feu qui le consume*. Je me suis demandé si ce serait suffisant, connaissant Louise... et tandis que je me préparais pour sortir, cet épineux problème n'a pas cessé de me préoccuper.

Je devais passer voir mon père dans l'après-midi. J'ai pris le temps de m'asseoir à une terrasse pour avaler un petit déjeuner. Il faisait un temps superbe et frais et le ciel sentait bon, aussi ai-je observé, durant de longues minutes, deux filles qui étaient assises à quelques tables de moi, et ma foi deux filles assez jolies et qui semblaient en pleine santé, comme quoi parfois le monde était infiniment merveilleux et mes soucis bien anodins, puis elles se sont envolées mais quelque chose est resté dans l'air. Je crois que mon père aurait trouvé un nom pour ça, j'y ai réfléchi une minute avant de me lever à mon tour, il aurait sans doute fermé les yeux et hoché la tête en silence, c'était de cette manière qu'il s'y prenait. Mon père écrivait des livres. Il fermait les yeux, se dodelinait sur une chaise et quoi qu'il puisse arriver autour de lui, il écrivait ses livres. Ce qui lui permettait de verser une confortable pension à ma mère et de me signer un chèque lorsque je le lui demandais.

Je suis arrivé chez lui d'une humeur maussade. Je m'étais arrêté deux fois en cours de route pour tenter de joindre Suzanne, c'était occupé la première fois et le coup d'après, j'avais laissé sonner au moins cinq bonnes minutes sans le moindre résultat, j'en étais malade.

Mon père avait toujours vécu — du moins pour ce qui concernait la pièce où il travaillait, là où il passait le plus clair de son temps — au milieu du désordre le plus complet. Il avait une espèce de théorie là-dessus.

— Écoute, lui ai-je dit, ne m'ennuie pas avec ça. C'est *ma* vie, c'est *mon* appartement.

Il a pivoté sur son siège et s'est tourné vers la fenêtre pendant que j'attrapais le téléphone, Monsieur-Je-Sais-Tout, Monsieur-Je-Suis-Au-Dessus-Du-Commun-Des-Mortels. Ma mère avait maintes fois piqué de superbes crises de nerfs dans son dos, uniquement à cause de cet air qu'il prenait quand une discussion l'agaçait, cette manière qu'il avait de se détacher du monde en louchant vers le ciel — mon père ne se tenait jamais très loin d'une fenêtre, où qu'il se fût trouvé — le cou enfoncé entre les deux épaules.

Suzanne ne répondait toujours pas. Plus la journée avançait, plus je me sentais glisser vers le pôle négatif. Mais ce n'était qu'une impression fugitive à laquelle je ne voulais pas céder. Mon père considérait la vie avec un désespoir tranquille. Pas moi. De ce point de vue, je ressemblais plutôt à ma mère, je résistais. Ma mère aurait changé les lois de l'univers à son goût, si elle avait pu.

Nos regards se sont croisés pendant que je reposais le téléphone et j'avais un sourire amer aux lèvres que je n'ai pas eu le temps d'effacer. Il fallait voir mon père tenter de me couver d'un œil compatissant. Il en rougissait presque, tant il se trouvait malhabile. J'imaginais ce que lui coûtait un tel effort, ces marques d'intérêt qu'il multipliait à mon égard et de manière aussi maladroite depuis que j'avais quitté la maison. Peut-être que ses livres ne lui suffisaient plus à présent, peut-être s'était-il convaincu qu'on ne pouvait échapper à ce genre de grimaces... Il n'empêche que ces démonstrations me mettaient mal à l'aise et, loin de m'attendrir, m'aiguisaient contre lui.

— A propos... Sais-tu qu'hier était un grand jour ? ai-je lancé sans plus attendre.

J'espérais le démasquer, le prendre ainsi en flagrant délit d'incompétence. Ce n'était pas demain la veille qu'il pourrait jouer son rôle de père attentif sans commettre la moindre erreur, on ne pouvait pas rattraper tout ce temps perdu en cinq minutes.

Cela dit, son regard était assez doux quand il le désirait. Doux et lumineux en cet instant précis.

— Mais je t'ai téléphoné, Laurence... m'a-t-il annoncé d'une voix tranquille. Je suis rentré tard, hier soir, mais je t'ai appelé... C'est Vincent qui m'a répondu. J'ai cru comprendre que tu n'étais pas en état de...

— *Quoi ?!* l'ai-je coupé. Qu'est-ce que c'est que cette histoire... ! ?

Tous les muscles de mon corps s'étaient subitement raidis, j'avais tendu le cou vers mon père, en proie à la plus vive inquiétude. De nouvelles images surgissaient dans mon esprit, des éclairs satinés ou rose pâle, mais je les écartais de mon chemin, je ne voulais pas en entendre parler, rien ne pouvait arriver tant que je les tiendrais à distance.

Mon père a pensé que d'un geste il pouvait m'apaiser, que quant à lui l'incident était clos.

— Ne te tracasse pas pour ça. D'ailleurs je ne voulais pas te déranger... Je n'avais rien préparé de très original, tu sais... Et puis, j'ai demandé à Vincent de ne pas insister, nous devions nous voir aujourd'hui...

— Attends une seconde... Tu veux dire... comment ça je n'étais pas en état de répondre au téléphone... ? !

— Eh bien... je ne sais pas, a-t-il plaisanté. Il y a différentes hypothèses...

Je n'avais pas envie de rire. Un vent glacé soufflait à l'intérieur de ma poitrine, pétrifiant chaque goutte de mon sang. « Louise... ! » me disais-je. « Louise... ! A mesure que j'entrevois la vérité, je prie pour que tu lises dans mon cœur... ! »

Lorsque j'ai relevé la tête, sans doute aussi pâle et chiffonné qu'un mort, il m'observait. Ma mère s'était remariée. Les choses étaient beaucoup plus simples avec elle. Lorsque j'allais la voir, tout était clair et facile entre nous, j'éprouvais toujours du plaisir à me trouver en sa compagnie, nos silences étaient reposants. Mon père était un être mystérieux.

— J'ai bien peur d'avoir de sérieux ennuis avec Louise... ai-je soupiré.

Il avait le chic pour vous tirer des aveux

dont il n'avait que faire, au demeurant. Aussi bien, ma déclaration n'avait pas eu le moindre effet sur lui et il continuait de m'examiner avec le plus grand soin. Autrefois, j'avais la sensation qu'il me clouait au sol, il me paralysait, même s'il n'en avait pas l'intention et je restais immobile devant lui, attendant qu'il me délivre alors qu'une furieuse envie de détaler m'envahissait et je n'osais rien dire.

— Bon sang! Tu n'as pas bientôt fini...?! Est-ce que tu m'écoutes...? ai-je grogné en m'agitant.

Ses pouvoirs n'étaient plus ce qu'ils avaient été... Je me suis levé sans fournir d'effort particulier et je suis allé me planter devant sa fenêtre. Le jour baissait. Je n'avais pas réussi à joindre Suzanne et les débris de cette maudite soirée jonchaient encore mon living-room. Louise me haïssait, j'en étais persuadé. Je venais juste d'avoir trente ans et brusquement la vie prenait un goût de vieille gomme à mâcher. Je me suis demandé si j'avais encore une chance de maîtriser la situation. J'avais conscience de ce que tout cela m'avait coûté, il me semblait que j'avais réussi à bâtir quelque chose et que je pouvais m'y appuyer. Je me fichais pas mal des réflexions désabusées de mon père sur la question. Je n'éprouvais pas de fascination particulière pour le chaos, j'étais un type normal, je n'écrivais pas des livres.

Tout à coup, une lueur blême a traversé mon cerveau et j'ai bondi sur le téléphone.

— Vincent ! Laurence à l'appareil... Tais-toi, écoute-moi bien... Tu *sais* que je ne supporte pas les mélanges... *n'est-ce pas...* ? ! Mais tu ne perds rien pour attendre, tu vas me le payer, entends-tu, espèce d'ignoble salopard...

J'ai raccroché vivement, les joues en feu et refusant de lâcher le combiné tant il m'était doux de briser la nuque de cet imbécile, et comme j'aurais voulu l'entendre geindre et trépasser après ce qu'il m'avait fait !

— Et c'est mon ami... ! Peut-être mon seul véritable ami, est-ce que tu te rends compte... ? !

Mon père était un solitaire, il ne connaissait pratiquement rien à l'amitié mais Vincent et moi avions plus ou moins grandi ensemble, il savait de quoi je voulais parler.

— Ce n'est pas si simple, tu sais. Moi-même, lorsque j'ai rencontré ta mère, t'ai-je raconté...

— Il m'a poignardé dans le dos, ni plus ni moins... Il a jeté cette fille dans mes bras, cette rousse que je n'avais d'ailleurs jamais vue... oui, ça me revient...

— J'ai eu moi aussi un bon ami dans le temps, mais c'est si loin.

— Je tenais à peine sur mes jambes, comprends-tu... Je ne m'étais pas méfié de ce serpent vicieux, je trinquais avec lui en le serrant sur mon cœur. Je l'embrassais tandis qu'il m'assassinait...

Mon père regardait à nouveau par la fenêtre. De mon côté, j'étais comme assommé par le torrent d'images qui jaillissait dans mon crâne et, le brouillard se retirant de mon esprit, je découvrais une bien sale affaire. Sous le coup de l'émotion, j'ai posé une fesse sur le coin de son bureau, chose que, malgré l'eau passée sous les ponts, je ne m'étais encore jamais permise.

— Eh bien, le pire est arrivé. Maintenant, c'est cuit... ai-je lâché d'une voix blanche, tout en glissant un doigt dans mon col.

— Allons donc ! Ce n'est pas si grave... Vincent et toi, vous en avez vu d'autres, j'imagine...

— Vincent... ? Mais je ne sais même plus de qui tu parles... ! C'est de Louise qu'il s'agit... — Qu'il crève ! — ... je n'ai jamais pensé qu'à elle depuis le début, la pauvre...

— Oh...

— Non, tu ne peux pas comprendre. Tu n'imagines pas à quel point tout s'écroule autour de moi... Bon sang, je n'étais plus conscient de ce que je fabriquais, c'était mon anniversaire et cette fille m'a entraîné. Louise ne me pardonnera jamais, fais-moi confiance... Et sais-tu que nous avions choisi sa bague de fiançailles... ?

Mon père se servait d'un *tanto* en guise de coupe-papier. Je l'ai planté au milieu de son bureau en disant : « Est-ce que ce n'est pas le plus beau gâchis qu'on puisse imaginer, dis-moi... ? »

— Écoute, laisse ce couteau tranquille. Et descends de mon bureau, s'il te plaît. Prépare-toi à souffrir ici-bas, car c'est notre lot à tous... !

— Eh bien je souffre, figure-toi. Et je souffre doublement, car tu n'as pas l'air de réaliser qu'on ne décroche pas un poste de directeur de la publicité par l'opération du Saint-Esprit, pas dans cette jungle épouvantable... Chaque matin, dans les couloirs, je croise bien deux douzaines de types de mon âge qui seraient parfaitement capables d'occuper ma place. Dans quel petit bureau pourri crois-tu que je croupirais si le père de Louise ne m'avait pas pris sous son aile ? Et où crois-tu que je vais bientôt me retrouver quand Louise lui aura révélé ma conduite... ? Souffrir, dis-tu... ? ! Mais je viens de m'aplatir de si haut qu'un coup de pied en pleine figure ne me ferait pas sourciller ! Souffrir... ? Mais seul un être vivant peut souffrir... ! M'entends-tu respirer, vois-tu quelque couleur sur mon visage, veux-tu toucher mon pouls... ? !

Au lieu de saisir mon poignet bleu et glacé, mon père m'a décoché un sourire attendri.

— Je te l'ai souvent dit, Laurence... Avec de la patience et beaucoup de travail, tu pourrais devenir un écrivain acceptable. Mais je ne te conseille pas de t'y mettre, à moins que la peine et la solitude ne te paraissent pas trop cher payer pour un peu d'amusement...

A cet égard, il n'avait pas à s'inquiéter outre mesure : j'avais autant envie d'être un écrivain que d'aller chanter dans les rues en tricot de corps. Et j'avais de bonnes raisons de me défiler, pour en bien connaître l'un d'eux, ayant vécu à ses côtés durant de longues années et ayant pu tout à loisir observer les dégâts qu'il causait autour de lui sans qu'il ne parût très heureux lui-même.

J'ai rappelé Suzanne encore une fois, pour savoir si je boirais la coupe jusqu'à la lie.

— Mais nom de Dieu, où est-elle... ?! ai-je absolument gémi.

C'était un véritable grincement de désespoir. Mon père a levé un œil mais n'a rien dit. J'ai senti qu'à part lui, il blâmait sans réserve un tel aveulissement, à plus forte raison pour des histoires de ménage. Il n'avait pas tout à fait tort, mais à travers Suzanne, ma plainte visait aussi tous les autres. « Où êtes-vous, tous autant que vous êtes... ?! Où donc avez-vous disparu que vous ne puissiez m'entendre... ? Où es-tu, Louise... ? Où êtes-vous donc, mes amis... ? Où sont les journées lumineuses, les lendemains grisants, les promesses du Ciel et de la Terre... ? Où êtes-vous, mon père et ma mère... ?! » Quelque chose dans ce goût-là.

Il faisait sombre, à présent. Je suis sorti

dans le jardin pour m'allumer une cigarette car mon père ne supportait pas la fumée. L'air était froid, mordant et totalement inodore. Le sol, dur comme de la pierre. J'ai relevé mon col en frissonnant jusque dans la moelle de mes os. Des corbeaux croassaient au loin tandis qu'une brume lugubre tombait doucement du ciel. C'était parfait. La campagne alentour sombrait dans un triste crépuscule, exhalant une humeur glauque qui s'étalait faiblement sur l'horizon, et aucune lumière ne brillait, rien qui ne pouvait attirer l'œil ou résister à l'engloutissement total. Mais quant à moi, étais-je mieux nanti ? Y avait-il la moindre petite lueur dans mon âme ?

Je ne savais plus son nom. Il y avait cette fille. J'ai aussitôt fouillé l'intérieur de mes poches, nerveusement, frénétiquement, les retournant une à une et me débraillant malgré le choc de la température. Puis j'ai enfin trouvé son numéro de téléphone, je l'ai respiré et je l'ai tenu sous mes yeux larmoyants de froid. Ce n'était pas grand-chose, évidemment, mais elle au moins ne m'avait pas abandonné.

Je me suis assis un instant. J'ai essuyé mes yeux et je suis resté immobile sans avoir de pensée particulière, les mains enfoncées dans les poches et le dos voûté et le bristol à l'abri dans le fond de mon portefeuille.

Mon père s'assoupissait lorsque je suis rentré. D'un geste, il m'a déclaré qu'il n'en était rien et s'est aussitôt levé de son siège pour retrouver ses esprits.

— Tu étais dehors... ? Quelle heure est-il ? Oh... as-tu envie de quelque chose, je ne sais pas...

Je me trouvais épuisé, tout à coup, mais comme au retour d'une longue promenade, pas comme un qui aurait passé la nuit à s'enivrer et se traîne de façon lamentable. L'air glacé m'avait fait du bien et aussi ce numéro de téléphone. Je ne songeais pas nécessairement à l'utiliser, malgré tout. Il me suffisait de le sentir contre ma poitrine, comme un cataplasme tiédissant sur mon cœur.

Mon père tournait autour de moi de façon hésitante. On aurait dit qu'un lourd secret le tourmentait ou qu'il avait une terrible décision à prendre. Il commençait une phrase, puis enchaînait sur une autre et s'arrêtait pour se racler la gorge en me jetant un bref coup d'œil et ainsi de suite. Lorsque j'ai pris conscience de son manège, je me suis demandé si je devais lui venir en aide ou l'observer encore un instant. Redoutait-il à ce point que je décline son invitation, qu'il n'osait m'interroger... ? Je me suis alors rendu compte qu'il y avait bien longtemps que nous n'avions passé une soirée ensemble... Je m'étais habitué à ces visites en coup de vent. J'étais toujours pressé et puis je n'avais jamais faim ou bien Louise m'attendait ou bien j'inventais n'importe quoi et je me sauvais avant la tombée de la nuit comme si j'avais le diable à mes trousses.

Me voyant ouvrir mon manteau, il s'est arrêté net. Et aussitôt il me l'a pris des mains, j'ai cru qu'il allait me l'enterrer quelque part.

— Tu n'as rien de prévu pour ce soir ? lui ai-je demandé.

Son visage s'est éclairé mais il n'a pas dit un mot.

Je l'ai suivi dans la cuisine.

— Tu sais... ne t'inquiète pas pour tout ça... ! m'a-t-il déclaré en inspectant le réfrigérateur.

J'ai profité qu'il me tournait le dos pour lui répondre :

— Si ça ne t'ennuie pas, j'aimerais dormir ici... Enfin, peut-être que je pourrais passer un jour ou deux, si ça ne pose pas de problème...

Tango

Une seule fois dans sa vie, Évelyne consentit à vendre quelques arpents de terrain. Aussi loin que remontaient mes souvenirs, je l'avais toujours entendue se plaindre des généreuses dimensions de sa poitrine. La mort dans l'âme, elle vendit donc un champ dans le bas de la colline et se fit raboter les seins.

Toute la terre, la maison et les dépendances lui appartenaient. Je tenais sous mon bras deux ou trois gros propriétaires qui guignaient la propriété, mais sans son consentement, je ne pouvais rien. Mon père s'était méfié de moi et m'avait déshérité lorsque j'avais quitté la ferme. En la mettant au nom d'Évelyne, il savait ce qu'il faisait. C'était un vieux sentimental, attaché au sol sur lequel il avait passé sa vie et en cela, ma sœur lui ressemblait. Déjà, lorsque nous étions enfants, il nous attrapait sur ses genoux et nous faisait jurer que nous ne vendrions jamais. Évelyne tendait la main et obtempérait avec une ardeur angélique tandis que moi, ces choses-là m'ennuyaient. N'eût été l'obsession qui la dévorait — « cet immonde 140 » —, elle n'aurait jamais failli à son serment. « Moi vivante, rabâchait-elle jusqu'à me rendre fou, ces terres ne passeront pas dans d'autres mains. Et n'espère pas que je changerai d'avis... ! »

Je la connaissais bien. Je savais qu'elle tenait cette absurde résolution de mon père qui au plus fort de ses soucis d'argent n'avait jamais cédé, quitte à nous restreindre sur la nourriture — il glissait à ma mère un œil improbateur lorsqu'une friandise venait briser le triste et minimal repas que nous accordaient les jours sombres — et à ravaler sa fierté en travaillant pour un voisin plus chanceux. Il n'y avait sans doute aucun moyen de la circonvenir, son entêtement était viscéral et je pouvais lui opposer toutes les bonnes raisons du monde sans parvenir à l'entamer d'un pouce. Malgré tout, je n'avais pas renoncé. J'avais quarante-cinq ans et le seul espoir qui me restait, c'était de vendre cette fichue maison et ces maudits hectares qui avaient empoisonné mon enfance et que je haïssais.

C'eût été une juste revanche. Des nuits et des nuits durant, j'avais rêvé de cette vie qui s'offrirait lorsque nous aurions liquidé la ferme. Nous pouvions en tirer beaucoup d'argent, peut-être de quoi terminer nos jours dans une aisance relative, ou mieux si l'on se livrait à de judicieux placements. J'avais noirci des cahiers entiers de calculs alambiqués qui me tenaient hors d'haleine et dont le résultat me ravissait périodiquement. Mais la cuisante, ineffable joie que je puisais de telles incantations devait plus encore au dégoût que m'inspiraient ces lieux. Que cette terre finît enfin par rendre gorge. Qu'elle nous payât en retour de ce qu'elle nous avait privés. Voilà ce que j'attendais. Plus encore que l'argent, voilà ce qui me submergeait d'un plaisir indicible. Mais nous n'en étions pas là.

Pour ce qui concernait les revenus que nous tirions de la propriété, il valait mieux en rire. J'étais chargé de la comptabilité. Chiffres en main, je lui avais démontré que nous gagnions juste de quoi ne pas mourir de faim mais elle ne voulait rien entendre. Tant qu'il y avait de quoi payer ses bouteilles de gin, nous pouvions bien aller tout nus, elle ne s'en serait pas alarmée.

« De quoi te plains-tu... ? me disait-elle. Tu ne fais rien de la journée, qu'à écrire ces bouquins que personne ne lit... Je te trouve bien gourmand pour une bouche inutile... »

Il y avait des années que cette situation durait. J'étais revenu lorsqu'elle m'avait annoncé la mort de nos parents — les freins avaient lâché et ils avaient dévalé la colline dans la vieille Panhard que conduisait mon père — et parce que je n'avais rien de mieux à faire. J'étais revenu parce que je n'avais rien trouvé et que j'avais connu l'ennui plus qu'autre chose. Mon absence avait duré presque vingt ans mais il me semblait que je n'avais pas vraiment vécu, je ne me souvenais de rien qui eût valu la peine, ni les gens que j'avais connus, ni les emplois que j'avais occupés, ni même ces livres que j'avais écrits et que, pour la plupart, j'avais publiés à compte d'auteur. J'étais revenu sans un sou vaillant et Évelyne ne m'avait pas renvoyé.

Nous ne nous étions pas revus depuis tout ce temps-là. Sa vie paraissait avoir été aussi triste que la mienne. Très tôt, notre mère avait contracté une maladie des os et mon père n'avait pas le temps de s'occuper de la maison. Évelyne avait le goût du sacrifice. Et les types qui avaient rôdé la nuit, autour de la ferme, subjugués par les confondants appas de ma sœur, n'étaient pas de ce bois dont on fait les maris.

Peu après la disparition de nos parents, elle vendit donc ce lopin de terre pour payer son opération. Sur le coup, j'y vis un heureux présage, m'imaginant qu'à la suite de ce premier pas, d'autres suivraient et que nous finirions par nous débarrasser du fonds tout entier. Mais je compris vite à quel point je me leurrais. Cette espèce de mouchoir de poche dont

elle s'était dépossédée, à peine de quoi y laisser pâturer quelques bêtes, la tourmenta si
profondément et l'accabla d'un tel remords
qu'il produisit l'effet inverse de celui que
j'escomptais. Malgré mes tentatives d'apaise-
ment, elle jura qu'elle ne céderait plus jamais
le moindre petit bout de terrain, en fussions-
nous réduits à la diète.

D'une certaine manière, elle me tint pour
responsable de ce terrible instant de faiblesse.
Selon elle, je l'avais poussée à conclure ce
qu'elle appelait « son crime ». C'était faux,
naturellement. Tout au plus lui avais-je donné
mon avis alors que je la voyais perdue dans
ses hésitations. Je me fichais bien de la taille
de ses mamelles mais je ne supportais pas
cette ridicule et sourde appréhension qu'elle
éprouvait à l'idée d'amputer sa campagne
d'un malheureux enclos. Que s'imaginait-elle ?
Qu'elle se livrait à quelque sacrilège ? Que
ça mordait ou que mon père allait jaillir de
son tombeau pour la foudroyer sur place ? !
Restait que si je l'avais influencée, ce n'était
pas en des termes aussi abrupts. Je ne me
souvenais que de réflexions plutôt vagues
et dont ordinairement elle n'aurait eu que
faire.

Enfin, quoi qu'il en soit, le résultat de cette
entreprise fut un échec sur toute la ligne. Elle
rentra de la clinique avec son corsage qui flottait tristement et pendant plusieurs jours elle

ne dit pas un mot, s'employant avec un air mélancolique à retailler ses vêtements. Je n'y connaissais pas grand-chose en matière de beauté féminine, pourtant je me rendais bien compte que ma sœur était mal foutue. Je n'étais pas sûr de m'en être aperçu auparavant. A présent qu'elle n'avait plus de seins — ou peu s'en fallait, elle en avait eu pour son argent — son bassin paraissait encore plus large et ses épaules plus étroites et l'on songeait immédiatement à une bouteille d'eau de Vichy. Mais c'était sa maigreur qui frappait par-dessus tout. On aurait dit un corps de vieille femme desséché alors qu'elle n'avait que deux ans de plus que moi. Je découvrais qu'elle n'avait pas de cou, pas de fesses, pas de chevilles. On ne voyait plus que ses défauts, ses formes décourageantes, sa silhouette redoutable. Ma sœur n'avait certes jamais été une créature appétissante. Cependant, le mauvais sort avait épargné son visage et d'aucuns auraient pu la trouver à leur goût. Mais plus maintenant, à moins d'un miracle, ou d'un manchot cérébral ou d'un pasteur non voyant.

Elle se plaignait autrefois que les garçons la reluquaient d'un œil concupiscent. Il ne lui fallut pas longtemps pour découvrir que désormais ils ne la regardaient plus du tout, quand ils ne s'enfuyaient pas à l'autre bout du bar. Et bien entendu, son caractère s'en ressentit.

Lorsque le jour tombait, on la trouvait fin

saoule. Dès qu'il faisait bon, elle sortait et se promenait sur ses terres avec une bouteille de gin à la main et, avant de me coucher, j'allais la chercher et la ramassais dans un champ ou sur le bord du chemin et je la ramenais à sa chambre en prenant garde de ne pas essuyer un jet de vomissure. Cet exercice m'était assez pénible car je n'étais guère bien bâti et il arrivait qu'elle regimbât et d'un sursaut nous flanquât tous deux par terre — elle m'avait déjà cassé deux paires de lunettes. Naturellement, notre manège était connu de tout le voisinage mais chaque famille avait ses problèmes et les nôtres n'étaient pas les pires. Qu'un quolibet fusât dans l'air et nous en avions autant pour eux. Le dimanche, lorsque nous étions tous réunis sur les bancs de l'église, je savais fort bien de quelles prières monstrueuses la plupart de ces âmes se berçaient.

Pour ma part, je n'avais pas une fois souhaité la mort d'Évelyne. Au pire de ma frustration, quand l'occasion d'une violente querelle me désespérait de jamais parvenir à mes fins — en fait, plus je la pressais de vendre, plus elle persistait dans son refus hystérique — je soupirais après l'ambulance qui l'embarquerait dans une maison de repos ou fixais un petit vaisseau qui palpitait à sa tempe et claquait soudain, la transformant en légume dont je ne rechignerais pas de prendre soin en échange d'une simple signature.

Je n'éprouvais pas de sentiment particulier pour elle. Nous ne nous disputions jamais lorsque nous étions enfants, pour la simple raison qu'une indifférence réciproque nous tenait à l'écart l'un de l'autre. Les quelques années que nous avions passées ensemble, depuis la mort de nos parents, n'y avaient rien changé. Nous étions liés, cependant, par la force de l'habitude, par les menus services que nous nous rendions l'un l'autre et nous partagions la même solitude, la même désolation, le même ennui.

Les quelques soucis que nous donnait l'exploitation des terres étaient sans doute, comme pour beaucoup de nos voisins, le seul moyen d'oublier que cette vie ne rimait à rien. Et justement, les dernières récoltes avaient été particulièrement mauvaises et le prix des semences avait atteint des sommets que l'on commentait rageusement, accoudé au bar ou installé aux tables du fond, avec de sombres grimaces. Après deux ou trois verres, ma sœur s'enflammait, vilipendait les autorités et sa voix emplissait bientôt toute la salle. Il y avait longtemps que l'on n'écoutait plus son boniment, elle n'aurait pas entraîné un seul de ces types dans la rue — on la tenait pour à moitié folle — mais la verdeur et l'énergie de ses imprécations les ravissaient. Ils tournaient vers Évelyne des faces luisantes, mal rasées, gavées de bière et de soleil, et l'éreintement de la journée irradiait de leurs visages comme une fièvre malicieuse. Malheureusement pour elle, et malgré le vocabulaire qu'elle employait, pas un de ces gars ne songeait à la culbuter et je n'avais pas le sentiment que c'était ma présence qui les retenait. Tout au plus lui tapait-on sur les fesses et lui payait-on un verre pour son petit numéro. Mais l'ampleur de sa robe ne trompait plus personne.

Un soir que l'atmosphère avait été chaude et qu'elle avait bu peut-être un peu plus que d'habitude, elle essaya la chose avec moi. Je conduisais la camionnette à travers la campagne desséchée et poussiéreuse, en regardant le ciel. Il n'y avait pas le moindre nuage en vue. Depuis plus d'un mois, on ne parlait plus que de cette nouvelle calamité qui ravageait le pays. Toutes les plantations brûlaient sur pied et les moins pessimistes auguraient d'orages qui finiraient de dévaster ce qui avait tenu. Les gosiers eux-mêmes étaient particulièrement secs. Pour ma part, et bien que le spectacle de cette agonie me navrât, j'estimais qu'un nouveau revers pourrait hâter la fin. Nous n'étions pas à l'abri d'une récolte catastrophique. Le peu que nous tirerions des assurances ne nous permettrait sans doute pas de nous maintenir encore très longtemps et elle aurait beau faire, d'autres que moi sauraient la soumettre.

Le chemin qui montait à la maison était

affreusement défoncé. Je ne m'en occupais plus. Trois étés durant, j'avais tenté de le rem-pierrer et, chaque hiver, les tracteurs, la neige et la boue nettoyaient mon ouvrage. Évelyne ratait rarement une occasion de me féliciter pour ma persévérance. Ce soir-là, elle ne dit rien, malgré mon évidente mauvaise volonté à éviter les ornières ou à réduire le train. La camionnette bringuebalait, le châssis cognait sur le sol et la caisse résonnait et tremblait furieusement. J'en profitais lorsqu'elle était à demi ivre morte. Chaque fois que je pouvais impunément malmener quelque chose dans cette ferme — du grille-pain à la moissonneuse — je ne m'en privai pas. Les journaliers avaient bon dos, les pauvres. Mais chaque réparation nous étranglait un peu plus et com-ment aurais-je pu supporter la rancœur que m'inspirait cet endroit si je n'avais pu me défouler un peu ?

J'étais trop lâche, trop faible, trop décou-ragé pour partir. Sans argent, sans talent, sans ambition, le monde m'apparaissait comme un gouffre encore plus sombre auquel je ne vou-lais pas me frotter davantage. Emprunter ces quelques centaines de mètres qui nous sépa-raient de la route m'emplissait ordinairement d'une sorte de dégoût mêlé de suavité. Et s'il m'était loisible de m'en donner à cœur joie comme cette nuit-là, il se pouvait qu'un trou-ble frisson m'envahît. Par instants, les quatre roues se décollaient du sol et l'engin retombait lourdement et tout le coteau en était secoué comme d'une fureur céleste. Ma sœur grognait à mes côtés, solidement arrimée à sa ceinture. Au matin, elle ne se souviendrait plus de rien, mais par précaution j'exultais en silence.

Je stoppai la camionnette au milieu de la cour et gardai les mains sur le volant. Les bâtiments brillaient sous la lune, d'un air encaustiqué. Je me tournai vers Évelyne pour la détacher. Je me servis du col de sa robe pour essuyer un filet de salive qui collait à ses lèvres. Puis je descendis et contournai le véhicule car elle n'était pas en état de faire le moindre pas.

Lorsque j'ouvris sa portière, et au lieu qu'elle attendît bien sagement que je la prisse dans mes bras, elle passa aussitôt une jambe par l'ouverture. Tout en troussant sa robe sur son giron. Une blancheur livide jaillit alors sur le siège. En même temps qu'elle poussa son bassin en avant et découvrit sa disgracieuse — elle n'en possédait que d'anciens modèles, qui m'écœuraient lorsque je les voyais sécher à un fil — culotte de coton. J'étais foudroyé. Il y avait si longtemps que je n'avais pas connu une femme. Son visage reflétait autant d'obscénité que d'abrutissement. Je jetai vivement un coup d'œil alentour, m'informai du désert tranquille de la nuit.

Le sang bourdonnait à mes oreilles. Je tremblais en posant de nouveau les yeux sur elle. Et vis qu'elle s'était renversée en travers de la banquette. Que d'une main ferme, elle avait empoigné le fond de son linge et l'écartait rageusement de son entrecuisse. Que de l'autre, elle fourrageait sa toison noire et en sortait des doigts luisants. Je me déboutonnai. Lui rabattis sa robe sur le visage et la besognai en silence.

Dès que j'eus fini, je l'abandonnai immédiatement et filai vers la maison. Je grimpai au premier. Je verrouillai ma chambre. Puis je m'installai devant le lavabo et empoignai un gros savon. Plusieurs fois de suite, je frottai, lessivai, rinçai et torchai mon instrument ainsi que les poils de mon pubis avec la dernière énergie. Je m'aspergeai le visage de l'eau tiède et ferrugineuse qui giclait comme un torrent glacé en plein hiver et que l'été réduisait à un filet de pisse nauséeux. Je changeai mon tricot de corps, enfilai un bas de pyjama et je m'assis sur mon lit.

La tête me tournait un peu. Il y avait un tel vide dans mon esprit que le moindre objet qui tombait sous ma vue l'emplissait entièrement. Je restai un bon moment à scruter le hasard de mon capharnaüm. Puis je me levai et m'approchai de la fenêtre.

Elle n'avait pas bougé. Je voyais ses jambes qui pendaient dans l'ouverture de la portière et le masque sombre de ses parties intimes. Sa culotte, que j'avais fini par baisser et qui avait glissé de sa cheville, éclatait sur le sol, telle une glaire phosphorique qui aurait coulé et goutté à ses pieds.

Je n'avais pas envie d'aller la toucher. Cependant, la laisser ainsi supposait que l'on courût un risque inutile. Elle était capable de n'émerger qu'au matin, à l'heure où les curieux sont déjà sur la brèche et prêts à faire des gorges chaudes de la moindre fesse à l'air, eussent-ils ignoré le plus beau de l'histoire. C'était certainement une raison suffisante pour vaincre ma défaillance. Mais il en existait une autre, et sans doute pas la moindre : il y avait une chance pour qu'elle ne se souvînt de rien si j'effaçais les traces de l'événement. J'avais eu l'occasion de vérifier ses pertes de mémoire lorsqu'elle avait passé les bornes. D'un regard hébété, elle m'écoutait certains matins tandis que je lui narrais ses pitreries — un mois plus tôt, je l'avais retrouvée sur le toit — ou sa méprisable conduite de la nuit, et elle secouait la tête avec acharnement, jetait son bol dans l'évier — un de moins ! Il n'y avait rien dans cette maison qui ne se brisât sans m'arracher un sourire ... —, m'accusant des pires mensonges car, quant à elle, comment se faisait-il qu'elle ne se rappelait rien de tout ça, est-ce que je la prenais vraiment pour une andouille... ?

Planté devant la fenêtre, je me cisaillai un

ongle du bout des dents, puis je descendis. J'hésitai un autre instant sur le seuil. Il me semblait que la nuit était encore pleine de ses gloussements — et pourquoi pas, de mon souffle rauque, de mon risible halètement — et que rien n'allait les arrêter. Je dus me secouer et m'appliquer à ne plus entendre que le bruissement des insectes qui dévoraient tranquillement la campagne. Après quoi, j'allais la chercher.

Je commençai par rabattre la robe sur ses jambes. Puis je ramassai son vêtement et le fourrai vivement dans ma poche. Elle n'avait aucune réaction, pas plus que toutes ces autres fois où je l'avais portée jusqu'à sa chambre, me demandant si elle n'allait pas tomber en syncope. Je ne ressentis pas autant d'écœurement que je me l'étais figuré à son contact, malgré le fumet peu ragoûtant qui me saisit au nez quand je me penchai dans l'habitacle.

Je la portai en haut. La déposai sur son lit. Effacer les traces... Je pris quelques mouchoirs de papier et sans me livrer à de méticuleuses explorations, lui repliai les jambes et l'essuyai tant bien que mal. Je lui rajustai également sa culotte. Pour m'apercevoir, lui jetant un dernier coup d'œil, que je l'avais remise à l'envers. Mais je n'avais plus de force. Ça, c'était trop me demander.

Au matin, je me sentais un peu nerveux. Je

trouvais qu'elle était longue à descendre et je n'en finissais pas de réchauffer le café. J'étais debout depuis l'aurore et à présent le soleil s'élevait à l'horizon et racornissait les ombres de la cour, la dévoilant pour la mener au supplice. D'ici peu, l'embrasement serait total et les dernières gouttes d'arrosage s'évaporaient déjà chez les quelques gros propriétaires qui se frottaient les mains. J'envisageais d'acheter une petite librairie, si un jour j'en avais les moyens. Ainsi regarderais-je passer les saisons, les mains croisées derrière le dos, indifférent aux intempéries et autres fléaux naturels et, en ces temps de canicule, tranquillement retiré dans l'ombre de mon magasin, m'offrirais-je des orangeades sans plus me soucier de la couleur du ciel, jamais plus. Puis Évelyne apparut.

Jusqu'à la fin, le doute subsistera en moi. Ni ce matin-là ni au cours des jours qui allaient suivre, elle ne fit rien, ne dit rien, ne laissa pas traîner un seul regard qui m'eût révélé qu'elle savait. Je l'épiais constamment, à l'affût du moindre rosissement qui la trahirait. Mais les jours passaient et je restais Gros-Jean comme devant.

Tantôt, j'étais persuadé qu'elle cachait bien son jeu, tantôt je n'en étais plus aussi sûr. Cette histoire me rongeait. Je me demandais constamment ce qu'elle avait dans la tête et je ruminais les raisons qui auraient pu la pousser à jouer les amnésiques. Mon sommeil s'en trouva cruellement agité.

Un dimanche, au cours de la messe, mon esprit était si troublé qu'il me vint une envie folle de communier. Je me levai d'un bond et m'avançai au milieu des pécheurs. La confession m'aurait sans doute aidé davantage, mais le prêtre était celui qui nous avait baptisés Évelyne et moi et je ne me sentais pas la force de lui avouer que j'avais commis le péché de la chair avec ma sœur. En sortant, Évelyne me retint par un bras et me demanda ce qui m'avait pris. J'avais encore la sensation de l'hostie dans ma bouche. Je me dégageai brusquement mais ne lui répondis rien. Au fil des ans, et bien qu'il m'arrivât assez rarement de louper l'office du dimanche, ma foi n'avait pas connu de ces épanouissements qui vous transforment un jeune catéchumène en parfait croyant. J'allais à l'église parce que j'y avais toujours été. J'avais commis bien des lâchetés, bien des bassesses, bien des actes susceptibles d'ébranler une âme au cours de ma carrière, mais cela ne m'avait jamais perturbé au point de me jeter aux pieds d'un prêtre. Aussi bien, je n'aurais pas su dire ce qui m'était arrivé. Car ce n'était pas un subit éblouissement qui m'avait poussé vers l'autel, pas plus que les ailes de la contrition ou la peur du Châtiment.

Les maigres récoltes qui nous restaient à engranger avant qu'elles ne tombassent pour de bon en poussière nous donnèrent assez d'activité pour que mon obsession m'accordât un semblant de répit. Il fallait faire vite. Comme tous les petits fermiers des environs, nous n'étions guère en mesure de nous payer des bras supplémentaires — nous arrivions à peine à rétribuer les deux journaliers qui travaillaient chez nous — et nous devions participer aux moissons des uns et des autres. C'était pour moi l'occasion d'une dépense physique à laquelle je n'étais pas habitué. Mes mains cloquaient, mes bras se boursouflaient d'éraflures, mon dos et tous les muscles de mon corps me faisaient souffrir et mon triste calvaire était un continuel sujet de plaisanterie pour ces hommes et ces femmes dont la peine était le lot quotidien.

Certaines fois, quand nous étions à l'œuvre depuis le point du jour et qu'on n'arrêtait les machines qu'à la dernière, extrême, ultime lueur du crépuscule, des larmes de rage et d'épuisement coulaient sur mes joues. Évelyne s'en tirait bien mieux que moi. Malgré son gabarit, elle abattait le même travail que ces femmes taillées dans je ne savais quel cuir insensible, quelle matière infatigable et qui semblaient se réveiller à la fin de la journée, riaient et s'amusaient dans l'ombre où je vacillais. Je ne savais pas d'où elle tirait ses forces. Ces gens-là nous connaissaient depuis notre naissance, les vieux avaient connu nos parents, la plupart des autres nous avaient accompagnés sur les bancs de l'école et les plus jeunes étaient leurs enfants ou leurs petits-enfants. Contrairement à moi, Évelyne se sentait bien parmi eux et peut-être était-ce de ce puits de douleur, de sueur, de misère et de communion dans ce simple besoin de survie qu'elle puisait l'énergie qui me manquait. Je savais qu'ils ne m'appréciaient pas beaucoup. Au fond, ils se fichaient de la conduite d'Évelyne et même s'ils trouvaient qu'on ne la voyait pas souvent aux champs, même s'ils la critiquaient et médisaient dans son dos — mais le fiel n'épargnait aucun d'eux — ils la considéraient comme l'une des leurs. Tandis que moi, j'étais celui qui était parti, j'étais celui qui voulait vendre.

Je n'étais pas dupe des verres que nous vidions ensemble. Il y avait trop de choses en moi qui leur déplaisaient. La pauvre garde-robe que j'avais rapportée de la ville semblait les déranger, de même qu'ils trouvaient louche qu'un type se rasât et se coiffât tous les jours. Il y avait aussi ces livres que j'avais écrits, qui bien que n'ayant jamais éveillé d'intérêt chez quiconque, n'en demeuraient pas moins un sujet de méfiance à leurs yeux. Mon corps lui-même les indisposait. Je n'avais ni leur force ni leur endurance, j'étais incapable de soulever un sac d'engrais pour le jeter sur mon épaule, je grelottais dans le vent et le froid, ma peau était blanche, j'attrapais facilement des coups de soleil, une simple grippe me terrassait, je ne savais pas regarder le ciel, je ne sentais pas la pluie arriver, je n'aimais pas chasser, je n'aimais pas jouer aux cartes, je ne savais même pas aiguiser convenablement un couteau, je ne roulais pas mes cigarettes, etc.

Évelyne prétendait que je me faisais des idées. S'il m'était arrivé, au fil des années, de ne plus trop savoir qu'en penser, au point qu'il m'arrivait parfois de lui donner secrètement raison, je déchantai rapidement cette fois. Jamais l'aversion larvée qu'ils éprouvaient à mon endroit ne m'apparut avec autant de clarté que durant ces terribles moissons. Mais je le leur rendais bien.

Oh, ils étaient assez malins pour me cacher soigneusement leur antipathie ! En dehors de quelques plaisanteries banales, ils se gardaient bien de me la déclarer ouvertement !

Le soir, lorsque je rentrais fourbu et m'effondrais sur mon lit en gémissant, je les maudissais, tous.

Nulle part, je n'avais trouvé ma place. Jamais je ne m'étais senti bien en compagnie d'autres individus. Ces livres, qui n'avaient attiré sur moi que la risée, je ne les avais écrits que pour la solitude qu'ils m'apportaient. Je ne m'étais pas soumis à un talent quelconque. La seule, l'unique et profonde vérité qu'ils renfermaient n'était pas dans les mots que j'avais alignés. J'aurais bien été incapable — et en aurais-je eu le goût ? — d'exprimer l'ennui, le désespoir, le mépris et l'infinie désillusion que m'inspirait la vie.

Le soir, les femmes préparaient à manger tandis que les hommes gerbaient les dernières bottes, rangeaient et révisaient les machines, organisaient soigneusement le supplice du lendemain. Nous installions dehors les tables et les chaises pour ce maudit rassemblement quotidien, comme si d'avoir passé la journée à besogner tous ensemble ne leur suffisait pas. Pour moi, c'était certainement le moment le plus dur. Que ne me donnait-on à choisir de travailler deux heures de plus, seul, et eussé-je dû me traîner à genoux dans ces champs aux mottes acérées, plutôt que de souffrir leur compagnie et leur discours ! Je m'échappais dès que je le pouvais, me rencognais dans une ombre ou m'éloignais vers les voitures. Je n'avais que faire de leur sollicitude, ils pouvaient bien m'appeler, envoyer leurs petits crétins à mes trousses... me prenaient-ils pour un pauvre imbécile aveugle ? ! Je n'avais rien de commun avec eux. J'étais un étranger partout où je me trouvais. Ou étais-je sur une planète différente ? Le seul être que je reconnaissais, riait et plaisantait avec ces créatures inconnues. Elle était ma sœur. Il n'existait ni chaleur, ni amitié, ni la moindre complicité entre nous, mais c'était tout ce que j'avais, ce fil qui me retenait au-dessus des ténèbres. Et c'était à présent que j'en prenais réellement conscience. Maintenant qu'il était trop tard.

Désormais, elle aussi usait d'un masque à mon endroit. Elle s'employait à garder un air naturel lorsque nous étions ensemble, mais au fond elle me méprisait. Je ne cherchais même plus à la percer à jour. Je m'amusais de son habileté. Elle était de loin la meilleure comédienne de toute la bande, dommage que je ne pusse l'applaudir. Ah, ce visage calme et détendu, ces couleurs réjouissantes que lui donnait le grand air et ce nouveau sourire qu'elle arborait de bon matin ! Du grand art ! S'enquérait-elle de mes douleurs de la veille que je manquais de m'étouffer en avalant mon café. Ah, Évelyne, cette poudre que tu me jetais si brutalement aux yeux... !

A coup sûr, je leur aurais faussé compagnie s'ils avaient commencé par nos champs, quitte à me casser une jambe ou un bras, mais sans doute le flairèrent-ils — ai-je cru un seul instant que *la logique* participait de votre choix, bande de misérables ?! — car nos récoltes furent les dernières dont on s'occupa.

Une sorte d'ivresse semblait les habiter. Pour l'instant, ils avaient oublié que la moisson était catastrophique. Eussent-ils arraché trois misérables grains à cette terre qu'ils les auraient brandis en rugissant vers le ciel. Mais c'était la fatigue qui les exaltait. Cette manie de ne pas compter leurs efforts — en hiver, les femmes cueillaient des perce-neige, à peine de quoi payer l'onguent de leurs engelures —, cette obstination à croire que la sueur était la réponse à tout. N'avaient-ils pas l'impression d'avoir vaincu les éléments, les prenant de vitesse en raillant les orages annoncés ? N'avaient-ils pas tenu bon sous cette canicule infernale, n'avaient-ils pas défié le ciel et la terre... ? Leur folie, leur aveuglement, la dérision de leur victoire m'écœurait. L'euphorie dont ils se perfusaient me mettait la rage au cœur. En eussé-je eu la possibilité que sur-le-champ j'aurais vendu toute la propriété pour une bouchée de pain.

Il y avait une quinzaine de jours que nous avions commencé lorsque la tribu émigra sur nos terres. J'étais à bout de forces, exaspéré de les avoir tous contre moi, torturé par le néant où je m'étais précipité sans le moindre espoir de retour. Et je devais les supporter, encore plus qu'à l'ordinaire.

A la nuit tombée, les femmes et les enfants emplissaient la maison. Les hommes s'attablaient dans la cour et buvaient du vin. Cette maison était habituée au silence, cette cour n'était pas faite pour les rassemblements. Tout ce chaos m'empêchait de rassembler mes esprits.

Maintenant, ils prenaient leurs aises. Dans deux ou trois jours, le travail serait fini et la nuit noire ne les pressait plus de rentrer. Ils s'enracinaient sur les chaises. Les enfants s'endormaient dans le salon. Ils prenaient du café et ma sœur leur apportait une eau-de-vie qui les rendait plus bavards, plus grossiers, plus hilares que jamais. Les femmes devenaient aguichantes, les plus délurées se dégrafaient un peu en soupirant, bredouillaient quelques mots sur la touffeur de la nuit. Les hommes plissaient des yeux et proféraient de lourdes plaisanteries tandis que les vieux fouillaient péniblement leur mémoire et ressassaient les mêmes histoires à propos de nos parents, montrant la hache plantée sur le billot, qui avait sectionné trois orteils de mon père et comment il était descendu en ville sans dire un mot à personne, dégoulinant de sang tout le long du chemin ou la fois où ma mère avait perdu ses eaux en pleine église, ça pour un peu mon gars tu naissais dans la maison du Seigneur ! Ces idioties me donnaient la migraine, je pleurais sur mon lit en me tordant les mains. Je ne sais comment j'ai pu endurer tout ça. Et ces relents de sexualité qui flottaient dans l'air, cette lascivité qui s'éveillait avec le crépuscule quand j'agonisais d'avoir succombé à leur démangeaison, quand mon pauvre décor s'effondrait dans un abîme pour un instant de faiblesse, pour une image qui m'avait émoustillé !

Lorsque je me réveillai, ce matin-là, je ne puisai aucun réconfort à l'idée qu'avant le coucher du soleil, notre labeur prendrait fin. Je me sentais nerveux et tendu au contraire, mon esprit était douloureux, mes joues me brûlaient. Évelyne me demanda ce qui n'allait pas. Je lui jetai un regard sombre et me contentai de ricaner. Ces moissons l'avaient rendue presque belle, tandis que mon nez pelait, que les courbatures me ratatinaient, que mes bras et mes mains rutilaient comme des saucisses. J'étais grotesque. Qu'apparemment je fusse le seul à payer pour notre sordide accouplement m'emplissait d'un furieux sentiment d'injustice. Par moments, je bouillais littéralement contre elle. Ne devais-je pas à son entêtement, à son pitoyable acharnement pour conserver ses terres, d'avoir subi l'enfer de ces derniers jours...?! Étais-je le seul à mériter tous ces tourments...?! Un coup de poignard finissait de m'achever lorsque je la regardais et que je me prenais à songer aux jours tranquilles que nous aurions pu couler loin d'ici, et j'aurais pris soin de toi, Évelyne, tu ne m'en croyais pas capable, mais j'aurais veillé à tout.

Cette journée fut encore pire que les autres. A moins qu'il ne s'agît de mon propre délire, il me sembla que la fournaise du ciel avait ouvert ses portes et qu'une poudre incandescente tournoyait dans l'air avec un sifflement aigu. Un être de ma constitution serait mille fois tombé d'épuisement au cours de cette épreuve, mais je n'allais pas leur donner ce plaisir. Une rage livide me submergeait quand j'observais leurs visages. C'était à croire que rien ne pouvait les arrêter, qu'ils descendaient de galériens ou que leur cervelle avait fondu. Toutefois, le rythme se ralentissait — ce qui n'était pour moi qu'une simple observation car mon corps n'en ressentait pas le moindre soulagement — à mesure que nous touchions au but. Tour à tour, ils s'accordaient quelques minutes et s'en allaient paisiblement en s'épongeant la nuque, jusqu'à l'orée du champ où nous gardions à l'ombre, emmaillotés de torchons mouillés, bouteilles et canons.

A midi l'on traîna un peu et l'on envoya les enfants chercher un supplément de vin, deux pleines sacoches de bicyclette. J'aurais certainement succombé si je n'en avais bu qu'un seul verre par cette chaleur, mais quant à eux, ils ne s'en privaient pas et ils étaient joyeux. Je me retirai au pied d'un arbre, me disposant à somnoler un instant — le peu que je les oublierais serait du pain bénit — lorsque je remarquai le misérable manège d'Évelyne. Il s'agissait d'un rouquin qui travaillait pour une ferme voisine, un de ces forts en gueule dont je ne savais même pas le nom. L'affaire paraissait déjà bien engagée quand je découvris le pot aux roses, et ce à l'occasion d'un frôlement sur la nature duquel le dernier des imbéciles ne se serait pas trompé. Sur le coup, je me sentis assommé. Et, jusqu'à la reprise du travail, je ne fis qu'accumuler les preuves — tout l'attirail écœurant que peut déployer une femelle, du coup d'œil énamouré à l'éclair languissant qu'elle tire de sous sa jupe — et restai abasourdi par le choc, recroquevillant de répulsion mes jambes. Comment ne m'en étais-je avisé plus tôt... ?! D'où sortait-il, ce bouc à l'air chafouin, ce faune lubrique... ?! Je me levai en frémissant. Mais ils étaient tous deux trop occupés de leurs manigances pour s'inquiéter du feu qui m'embrasait.

Toute une partie de l'après-midi, je les observai, ravalant la fureur qui m'étranglait. Si je n'avais pas été certain que ce type pouvait m'allonger d'un coup de poing, je lui aurais sauté dessus. La sueur qui s'échappait de tout mon corps brûlait comme du poison et ne devait plus rien à mes efforts mais à la rage, uniquement à la frénésie de mon émotion.

Vers la fin de l'après-midi, nous levâmes le camp pour la dernière fois. Il ne restait qu'un petit terrain, collé à la maison, qu'à faucher on parlait d'une heure, pas davantage. A moi, ce champ me parut démesurément grand. Ce qui n'était pour eux qu'une légère plaisanterie prenait à mes yeux des allures titanesques. La tâche n'était pas à la mesure de ce que j'éprouvais en l'examinant, mais j'étais bouleversé, presque au bord des larmes, comme si l'on m'avait torturé et que je défaillais à la vue d'une épingle. Et nous n'étions pas plus tôt retournés à l'ouvrage que je me redressai brusquement. Où étaient-ils tous les deux ? ! Je ne les voyais plus ! Ma pensée se troubla. Je crus perdre la raison pendant un instant, mes tempes battirent violemment.

Puis je les aperçus du côté de la grange, dans la lumière dorée et veule. Le rouquin la crucifiait de ses deux bras, contre la cloison en planches de sapin et restait penché sur son cou. Mon estomac se tordit soudain et je vomis à mes pieds. Mais au lieu de m'affaiblir, ce malaise irrigua mon cerveau d'un jet de sang brûlant. Je me redressai et marchai vers eux. Au passage, je ramassai ce qui me tombait sous la main, une branche de cerisier morte, d'un généreux calibre. Et ils ne m'entendirent pas arriver, ce qui n'aurait sans doute pas changé grand-chose car ma fureur était telle qu'il ne pouvait m'échapper. Évelyne avait les yeux au ciel. Ils n'étaient pas en train de le faire, mais c'était tout comme, l'autre avait les jambes un peu fléchies — il était grand, l'animal ! — et la frictionnait de son bas-ventre. De toutes mes forces, je lui abattis mon gourdin sur le dos, en poussant un rugissement de tous les diables.

Une correction pareille l'aurait au mieux conduit à l'hôpital. Mais j'étais maudit. Le bois vermoulu se pulvérisa sur ses côtes comme par enchantement. Une seconde, je considérai d'un air effaré mes mains vides, puis tentai de les refermer autour de sa gorge. En pure perte.

Je me sentis empoigné, soulevé, malmené par les autres qui venaient en renfort dans un élan de bonne humeur. Le rouquin se contenta de me regarder en souriant tandis qu'il époussetait sa chemise et chassait de sa crinière tango la poussière dont je l'avais assailli. On se trouva réjoui de ce divertissement. On me souffla au nez des haleines avinées. On se demanda ce que j'avais dans la caboche. On décréta que le soleil m'avait donné le coup de bambou. On connaissait le remède à ça.

On me transporta jusque dans la cour de la ferme, me couvrant de sarcasmes. Une femme que je ne parvins pas à identifier proposa de me la passer au cirage. On s'amusa beaucoup durant le trajet, l'hilarité était générale. Les enfants couraient à leurs côtés, certains s'enhardissant à me tirer les cheveux.

On me jeta dans l'ancienne fosse à purin, qui n'était plus qu'un mélange d'eau croupie et de pourritures diverses. On se bouscula sur le bord en se tapant les cuisses pendant que je toussais et m'étranglais, le souffle coupé. Puis on m'aida à remonter. « Allez... Sans rancune ! » me lança-t-on avant de s'en retourner.

Je n'ai plus prononcé un seul mot depuis ce jour-là. Il s'est passé quelque chose lorsqu'ils m'ont précipité dans cette fange. Bien que ce ne fût très agréable, ce ne sont ni la saleté ni la puanteur du lieu qui me causèrent un choc. M'auraient-ils poussé dans une source limpide que ça n'aurait rien changé quant au résultat. Oh, je ne prétends pas être innocent de mes fautes. Mais souviens-toi, Évelyne, de la sombre fureur qui m'habitait lorsqu'ils m'ont jeté à l'eau. *La trempe a pour effet de maintenir la structure moléculaire acquise à chaud*, le savais-tu ?

J'allai me nettoyer et me changer. Puis je tirai deux grosses bonbonnes de vin que je plaçai sur la table. Je sortis les chaises, disposai assiettes et couverts, tranchai le pain et m'occupai d'installer les ampoules pour éclairer la cour. J'en avais à peine terminé que les femmes arrivèrent.

Évelyne me foudroya du regard mais je lui souris et baissai prudemment les yeux. Les préparatifs auxquels je m'étais consacré — on ne s'attendait certainement pas à ce que la table fût si joliment dressée —, mon air mi-penaud, mi-imbécile et surtout le délicieux soulagement qu'on avait d'en avoir fini avec les récoltes, et sans doute aussi le vin qu'on avait bu, l'ardeur apaisée du soleil qui gagnait lentement l'horizon, le silence, le calme et la sourde tranquillité qui s'évaporaient de la terre comme après un combat, tout cela joua en ma faveur. Et les hommes arrivèrent à leur tour. On s'accorda à penser qu'il fallait oublier cette histoire et s'amuser un peu car il n'y avait point tant d'occasions de se réjouir, ici-bas. On invita le rouquin et moi à nous serrer la main.

Ce à quoi je me pliai bien volontiers, tout sourires mais aussi muet qu'un tombeau. Et l'on nous poussa également, Évelyne et moi, et avec force cajoleries, dans les bras l'un de l'autre. Nous ne nous étions pas embrassés depuis des siècles. Je tressaillis à son contact. Puis je m'écartai d'elle sous les applaudissements.

On mangea tôt. On préférait boire et danser. J'apportais tout le vin qu'il fallait et le soleil giflait leurs faces rubicondes et plissait leurs yeux. Je ne buvais pas. J'étais leur esclave silencieux et repenti. J'allais, je venais, ouvrais nos conserves de fruits pour les enfants, découpais et distribuais les parts de l'énorme gâteau dont on s'était fendu au supermarché du coin, leur offrais mes cigarettes et tendais des chaises aux danseurs épuisés. Je m'occupais même de la musique, averti de prendre soin de leurs 45 tours, je leur mettais ce qu'ils voulaient. Ce qui ne m'empêchait pas de garder un œil sur Évelyne.

Le rouquin avait sans doute pris ma poignée de main pour argent comptant. Je me demandais même s'il n'y avait pas vu un encouragement ou pourquoi pas ma tendre bénédiction. Je les regardais en souriant tandis qu'ils dansaient. Je les regardais se frotter l'un contre l'autre. Une fois, je les surpris qui se bécotaient dans la cuisine. Je lui tapai sur l'épaule et, sans me départir de ma récente jovialité

— et en évitant soigneusement de poser un œil sur ma sœur — je lui présentai la bouteille de vin. Il hésita une seconde puis finit par me tendre son verre. « Tu te poses un peu là, comme casse-pieds... », maugréa-t-il tandis qu'une affreuse grimace de plaisir commençait à l'illuminer. Je m'éclipsai avant qu'il ne propose que nous trinquions ensemble.

Le soleil dansait sur l'horizon, déversant un flot de lumière orangée qui vous soulevait presque du sol. Les tabliers bleus étaient violets, la vaisselle brillait comme de l'or et mon rouquin traversa la cour avec sa couronne de rubis sur la tête. J'attendis une minute avant de lui emboîter le pas. Les autres s'amusaient, dansaient et riaient. Illuminés de la sorte, ils se trouvaient beaux et riches. « Seigneur ! Donne-nous le vin, la joie et l'insouciance... ! »

Je contournai la maison, m'approchai de la grange dont la façade vibrait à présent d'un rouge vif et projetait une ombre démesurée sur la colline d'en face. On y tenait la paille et le foin pour nos deux misérables vaches et l'on espérait toujours en vendre un peu mais nous en avions un sacré stock sur les bras. Je pariais que c'était l'endroit qu'ils avaient choisi. Je chassai un petit nuage d'insectes qui tourbillonnait au-dessus de ma tête et m'approchai pour glisser un œil entre les planches de sapin.

Elle avait ses jupes relevées, elle lui offrait son cul blanc.

Je me détournai vivement. Me plaquai à la cloison, enfiévré, haletant. Je faillis vomir à nouveau mais je serrai mes bras contre ma poitrine et me laissai glisser sur le sol en respirant profondément. Mon briquet tomba de ma poche. Je le ramassai. L'examinai. En fis jaillir la flamme. J'entendais la musique au loin. Les gloussements obscènes de ma sœur. Mais décidément, j'étais vraiment trop lâche. Et je restais ainsi, observant les dernières lueurs du crépuscule et ayant tout perdu, jusqu'à l'usage de la parole, mais enfin débarrassé de tout espoir.

Crocodile

J'avais soixante-dix ans et je vivais seul dans une grande maison, suffisamment éloignée de la ville. Je n'écrivais plus. Je passais mon temps à lire ou à regarder les choses ou bien Gabriel venait me chercher et nous descendions jusqu'à la rivière pour trucider quelques poissons avant que ce ne fût notre tour. Je n'avais pas de femme, pas d'enfant et je ne regrettais rien, d'ailleurs les occasions ne s'étaient jamais réellement présentées. La solitude m'avait toujours semblé être un fardeau naturel et finalement bien moins terrible qu'on se l'imaginait. Je n'attendais plus rien de là vie. La mort ne m'effrayait pas. Il me restait quelques bons livres sous la main et il y avait encore de beaux saumons en perspective, mais rien qui ne me retenait vraiment. Cette idée que ma dernière heure approchait n'éveillait aucune amertume en moi. Je n'étais pas pressé mais je ne souhaitais aucun sursis. Je n'aurais pas su qu'en faire.

Ma vie avait été bien remplie. J'avais parcouru le monde entier et mon orgueil s'était satisfait des honneurs que j'avais amassés pour avoir écrit quelques livres. Toutes les portes s'étaient ouvertes devant moi. Grâce à la magie de la littérature, j'avais eu de nombreuses et superbes maîtresses, de quoi rendre jaloux n'importe quel acteur en vogue, pour peu que son tempérament l'inclinât vers les femmes. L'argent n'avait jamais manqué. Qui plus est, la nature m'avait doté d'une santé remarquable et tout au long de ma vie, mon corps s'était comporté comme une machine docile et infatigable dont j'avais amplement profité. Il n'y avait rien que je n'eusse désiré ici-bas sans l'avoir obtenu. A présent, je n'étais plus qu'un vieil homme. Que le sort, à coup sûr, avait infiniment comblé, mais il n'en restait pas moins que l'existence — et Dieu sait qu'aucune aigreur ne me dictait ces mots — ne m'avait pas laissé un goût impérissable. Tout ceci me semblait un peu vain.

Puis il y eut cet accident, un matin de février. Il avait neigé durant la nuit et au matin, une brume épaisse était tombée jusqu'au ras du sol et l'on n'y voyait pas à plus de quelques mètres devant soi. J'avais songé un instant à différer ma sortie, n'ayant d'autre obligation pour mettre le nez en ville que la résistible emplette de *Sport & Pêche*, et *The In-*

Fisherman que l'on commandait exprès pour moi, mais c'était par de ces misérables petits atermoiements que la vieillesse — mes cheveux étaient déjà tout blancs — se manifestait et me navrait par-dessus tout. J'enfilai donc mon manteau, et sans plus attendre, m'en allai ouvrir la porte du garage.

La neige n'était pas trop abondante. En revanche, il sévissait un brouillard lumineux, d'un jaune violacé et aussi dense que de la poudre, parfaitement exécrable. N'était que l'inhaler procurait une sensation déplaisante, que j'allais bientôt juger prémonitoire. Mais je haussai les épaules, il n'était plus question de reculer à présent, renoncer m'aurait été fatal pour le restant de la journée.

Je rangeai l'Austin Healey sur le bord de la route, le temps de refermer le portail du jardin. Plus tard, on laissa entendre que pareil engin ne convenait plus à un homme de mon âge et l'on insinua que certaine bouffée de sénilité pouvait m'avoir saisi au moment des faits, mais l'imbécile se souviendra encore longtemps de ma vieille main serrée autour de sa gorge. Bien entendu, mes feux de position étaient allumés et j'étais garé sur le bas-côté, cela va sans dire. Quant à savoir si j'étais encore capable de conduire une Austin Healey, que ne venait-il prendre place à mes côtés pour le vérifier ? Ah, j'ai pitié de toi, de ton petit bureau et de ta morne quarantaine, pauvre créature, ton derrière est beaucoup trop mou.

Judith elle-même reconnut qu'elle roulait trop vite. Au cours des mois qui suivirent, je devais m'apercevoir qu'aussi bien en matière de conduite, elle se contentait de repérer la pédale de l'accélérateur et le tour était joué. Mais ce matin-là fut différent de tous les autres. Elle se servit du frein.

Je ne l'entendis pas arriver. Les sons même étaient prisonniers de ce mur opalescent. J'étais occupé à secouer mes souliers contre l'un de mes pneumatiques lorsque son break enragé, surgissant du brouillard comme le Malin d'une boîte pour farces et attrapes, se rua brusquement sur nous. Je bondis en arrière. Et dans la même seconde, je le vis s'embarder de l'autre côté de la route, les roues bloquées, mordre le talus puis partir en travers de la chaussée et disparaître aussi vite qu'il était venu.

Durant un court instant, il me sembla que tout était fini, que cette stupide et folle apparition avait regagné les ténèbres. Mais il y eut un bruit de verre brisé. Et de nouveau le silence.

« Hé là, holà... ! Rien de cassé... ? » criai-je bientôt, les mains en porte-voix et scrutant le rideau de brume que des courants désordonnés brassaient avec indolence par l'endroit où l'engin était passé.

Je m'avançai de quelques pas. Du bout du

pied, je m'assurai des traces qui avaient labouré la neige. Puis je relevai la tête et lançai encore un appel étranglé : « Ohé...! Tout va bien... ? »

Je dressai l'oreille. Pour ensuite pester entre mes dents et me mettre à courir sur le bord de la route et m'engloutir à mon tour. Malgré que j'en eusse d'avoir à secourir mon quasi-assassin.

Je parcourus à peine une trentaine de mètres. C'était un chêne de la taille d'un bao-bab, ou peu s'en fallait, c'était une espèce de curiosité du coin qui n'aurait pas fait de mal à une mouche, planté qu'il était à l'écart des fous furieux, mais le break de Judith avait volé par-dessus le fossé, défoncé la haie qui bordait le talus pour venir le percuter de plein fouet, projetant alentour, sur le champ immaculé, un sinistre étoilement de feuilles mortes. Un silence profond figeait absolument la scène. L'un des phares était encore allumé, mais arra-ché de la calandre, son faisceau plongeait droit sur le sol et s'étalait comme sous un abat-jour. Je frissonnai un instant sur le bas-côté de la route, puis je m'approchai.

Il y avait une femme installée au volant, à demi inconsciente. Le pare-brise avait explosé et la pauvre, jusque dans ses cheveux, semblait porter une infâme verroterie, tel un costume qu'aurait conçu sans amour une vieille fée maladroite. Elle bougeait un peu. La portière me donnait du fil à retordre. Je ne voyais pas de sang, fort heureusement. Je voulus casser un carreau. Puis je courus de l'autre côté et cela s'ouvrit le plus facilement du monde.

Je la tirai avec précaution, la fis glisser sur la banquette envahie de verre pilé dont quelques poignées, retenues dans les plis de sa jupe, dégringolèrent et plurent sinistrement à mes pieds cependant que je la soulevais dans mes bras.

Je n'aurais pas dû m'y prendre ainsi. Je m'en rendis compte alors que je courais vers la maison — oui je courais, j'avais des ailes ! — emportant la jeune femme avec moi. Je risquais de la tuer, ni plus ni moins. J'avais sans doute perdu la tête. Mais comment aurais-je pu l'abandonner dans ce décor lugubre ? Aurais-je pu m'en retourner pour passer un coup de fil, la laisser seule après avoir perçu son faible gémissement ? Ah, ce n'était qu'un vieux fou sans cervelle qui coupait à travers le jardin et tambourinait bientôt à sa porte.

Martha vint m'ouvrir, avec son éternelle cigarette aux lèvres. Elle nous jeta un bref coup d'œil mais décidément, rien ne pouvait l'étonner. Je la bousculai presque et portai mon fardeau dans la chambre du bas.

« Je savais bien que ça arriverait... ! » fit-elle sur mes talons.

Je la fusillai du regard. Puis nous nous penchâmes ensemble au-dessus du lit où geignait ma chauffarde.

C'est ainsi que Judith m'apparut réellement, pour la première fois. Une fille assez quelconque, d'environ vingt-cinq ans, avec une narine sanguinolente et un hématome sur le front.

« Eh bien, la pauvre petite, vous l'avez joliment arrangée... ! » conclut Martha d'une voix tranquille, larguant un peu de cendre à l'aplomb de sa main libre et toujours se moquant d'empester la maison.

« Ah, cesse donc ! Je n'y suis pour rien... ! » grommelai-je.

Je saisis le téléphone pour appeler Gabriel. Qu'il arrivât sur-le-champ, je l'en conjurai — « Oui, je l'ai transportée chez moi... Oui, je sais bien, le mal est fait. » — et qu'il n'oubliât point d'alerter sa clinique, au moins que le bloc se tînt prêt, enfin tu sais, touchons du bois.

Puis je retournai voir l'infortunée qu'un véritable suaire de fumée bleue menaçait d'emporter pour le compte. Je décochai à Martha une œillade furibonde mais cette fille possédait un flegme à toute épreuve et pas plus que de son ombre elle n'avait peur de moi. Il m'arrivait parfois de me demander lequel des deux ficherait une volée à l'autre, si l'occasion se présentait. Je n'étais pas très satisfait de son travail, le ménage l'ennuyait et sa cuisine n'était pas fameuse, mais je n'aurais pu me passer d'elle.

J'égaillai rageusement les miasmes de ses

maudites Gitanes et songeai à la bannir aussitôt de la chambre lorsque notre blessée recouvra faiblement ses esprits. Elle s'accrocha au pan de mon veston. Je souris. Ses lèvres remuèrent. Je me penchai.

« Nanou... », dit-elle.

« Tout va bien. Vous serez très rapidement sur pied... »

« Nanou... », murmura-t-elle à nouveau.

J'échangeai un bref coup d'œil avec Martha, cette blessure à la tête ne me disait rien qui vaille.

« Nanou... ! », reprit-elle, avec une vigueur inopinée et me saisissant soudain aux revers.

« Quoi, Nanou... ? »

« Mon enfant ! »

« Allons, ne vous agitez pas... »

« Où est-il... ? ! Je veux savoir où est mon fils... !! »

Elle me dévisageait avec un mélange de crainte et de fureur désespérée.

« Sacré bon sang... !! » lâchai-je d'une voix sourde, assailli à mon tour par une ombre glacée. « Martha, occupe-toi d'elle ! Ne la laisse pas se lever, tu m'entends, je reviens tout de suite... ! »

Je retournai sur les lieux de l'accident la gorge nouée d'une sinistre appréhension. Cette fois, lorsque à nouveau, je franchis le fossé et m'avançai au travers de la haie, le silence me parut intolérable. A présent, ma course était brisée. Chaque pas que je fis en direction de l'épave me demanda un effort particulier. Et n'entrait pas en ligne de compte la clarté maladive qui flottait sur la scène et n'eût point détonné au fond d'eaux croupissantes.

J'essuyai tout d'abord un carreau, le cœur comprimé. L'arrière du break était jonché de couvertures mais sous cet amas rebutant l'on ne distinguait que des formes fantasques et *parfaitement immobiles*. Seigneur Jésus, me disais-je, s'il y avait jamais eu un enfant dans cette voiture, dans quel état allais-je le retrouver... ? !

Je posai ma main sur la poignée et attendis que le courage me vienne. Je ne me sentais nullement une âme de dur à cuire, en cet instant précis. Mes paumes étaient moites et mes jarrets languissants, de pâles petits corps disloqués tournoyaient dans ma tête, des petits gredins, de frêles fillettes, des bambins barbouillés qu'une ronde infiniment macabre entraînait en ce matin blafard et répugnant. Je n'en menais pas large, assurément. Je pris malgré tout une profonde inspiration et me préparant au pire — mais on est toujours dépassé en matière d'horreur —, actionnai la portière qui émit un de ces grincements ivres à souhait.

La vie serait vraiment sans pitié, songeais-je avec une amère grimace en tâtant quelque protubérance équivoque. Mais ce n'était qu'une

113

anse de panier. La vie serait d'une insigne cruauté — là un bidon et là un sac — ne mériterait qu'un soupir écœuré etc., poursuivais-je en mon for intérieur, de concert avec mes recherches d'aveugle. Puis soudain, alors que l'espoir triomphait et que se confirmait le délire de cette pauvre fille — mais par Dieu, quelle sinistre éventualité — je saisis un mollet. Aucune erreur possible. Mon bras tout entier s'électrisa et je me sentis très vieux, très vulnérable et profondément bafoué. Et subséquemment, la colère m'envahit.

D'un geste furieux, puisqu'il fallait aller jusqu'au bout — « *Tu me chercheras et je ne serai plus* » — j'arrachai la couverture qui recouvrait l'enfant. Le petit bonhomme avait encore son pouce à la bouche. Mais il cligna des yeux et aussitôt l'enleva. Puis m'avisant, son visage s'obscurcit et se fondit en larmes. « *C'est pourquoi je rétracte Et me repens sur la poussière et sur la cendre.* »

En dehors de sa blessure au front, Judith avait deux côtes de cassées. Pour en avoir fait l'expérience à Gstaad, quelques années plus tôt — une rombière égarée sur des skis, à la sortie d'un goulet — je savais à quel point ce pouvait être douloureux. Je la voyais grimacer à longueur de journée et carrément des larmes lui couler des yeux lorsqu'un banal éternuement venait de la secouer. Elle portait de larges lunettes aux verres fumés mais presque tout son visage était vert, ou jaune, ou violet et son front enflé luisait comme de l'abricot mûr.

Son histoire n'était pas très claire. Et ne m'intéressait pas outre mesure. Ce que j'avais plus ou moins compris de ses déclarations embrouillées et parcimonieuses, était qu'un triste sire l'avait abandonnée à la naissance de Nanou (de son vrai nom Noé, presque trois ans et pratiquement muet) et qu'elle venait de quitter le dernier en date après certaine explication houleuse. Mais je l'avais écoutée d'une oreille distraite et il se pouvait bien qu'elle m'en eût conté davantage. Et où allait-elle ? Elle n'en savait rien et cela lui était égal, elle avait suffisamment d'argent. N'avait-elle pas si souvent changé d'endroit qu'elle eût été en peine de m'en dresser la liste ? Par nature, elle ne tenait pas en place. Les lieux finissaient toujours par lui peser de manière intolérable. Il arrivait un moment où elle étouffait, où elle ne dormait plus et hurlait contre les murs. « Et alors, je ne peins plus que des horreurs... ! m'avait-elle déclaré. Je n'ai plus qu'à rassembler mes affaires. »

Je ne me sentais pas responsable de son accident. L'eussé-je été, je ne l'aurais pas invitée à passer quelques jours sous mon toit, le temps qu'elle se rétablît un peu et retrouvât une figure plus humaine. J'aurais sans doute fait mon possible pour qu'elle ne manquât de rien et réglé ses frais d'hospitalisation, mais je n'aurais pas supporté de la voir souffrir et se crisper au moindre geste, pas plus que je n'aurais pu prendre mes repas avec elle et considérer ce visage tuméfié en pensant que ce triste gâchis était mon œuvre. Je n'aurais même pas su dire si elle était jolie sous ce masque olivâtre. Je notai cependant que sa voix était séduisante, délicieusement grave pour un timbre de femme. Sans doute fut-ce là l'unique et absurde raison de mon invitation. Rien que l'espoir d'un plaisir délicat, de quelques moments de bonheur pour l'oreille. Rien que la musique, les paroles ne m'importaient pas.

C'était, j'en conviens, d'un parfait enfantillage — involution sénile ? —, mais les années aidant, à mesure que l'on s'enfonçait, les choses prenaient une valeur singulièrement différente. Pour une fortune, je n'aurais pas accepté de m'encombrer de pensionnaires, fussent-ils de vieilles connaissances. Pour certaine inflexion dans la voix d'une quelconque inconnue, j'étais prêt à le faire sans réfléchir une minute. Ce n'était pas simplement — mais ce point n'était pas négligeable — que j'avais perdu la notion du futur, comme la plupart de mes congénères. Peut-être aussi obéissais-je aux derniers soubresauts de mon âme et en éprouvais-je une trouble curiosité.

Je les observais tous les deux, et la gêne qu'ils m'occasionnaient était à peu près compensée par le vague sentiment de distraction que j'éprouvais à leur contact. Durant les premiers jours, je me demandais si je n'avais pas commis une regrettable erreur, si cette idée lumineuse n'allait pas bientôt sombrer dans un mortel ennui. Elle restait souvent enfermée dans la chambre et Noé s'affairait en de longs va-et-vient silencieux entre le jardin où il se dérobait à ma vue et les jupes de sa mère. Lorsqu'il passait à mes côtés, il ne levait jamais les yeux et si par malheur je l'interpellais, il se pressait un peu plus et disparaissait sans demander son reste. Toute cette affaire se présentait comme un pétard mouillé et me tenait dans un état de perplexité amusée ou brumeuse, selon que j'étais luné.

Une semaine entière s'écoula sur ce morne paysage. Le temps était gris et je passais le plus clair de mon temps dans la bibliothèque. Nous nous retrouvions principalement au moment des repas et je les regardais prendre place autour de la table et me demandais pourquoi étions-nous réunis. Je n'arrivais pas à m'intéresser à eux. Si parfois je posais des questions, c'était juste pour l'agrément que me procurait la voix de cette jeune femme et je hochais la tête en guise d'attention alors que je ne comprenais pas un traître mot ou à peine quelques bribes à ce qu'elle me racontait. D'un jour à l'autre, et à mon grand étonnement, son visage arborait une couleur différente, une de ces teintes diaboliques qui la désolait profondément et la complexait malgré qu'elle eût affaire à un homme de mon âge. Cependant, me livrer à l'étude méticuleuse — quoique discrète, mais comment tuer cette heure que nous passions à table — de ses diverses variations cutanées ne m'apportait qu'une piètre consolation. J'avais espéré autre chose, mais je ne savais pas quoi.

Puis, un matin, il se mit à faire beau. L'air était frais mais un grand ciel bleu s'était déployé sur toute la campagne. Martha me dit que le printemps arrivait et que peut-être elle secouerait mes tapis ou irait planter quelques bulbes au jardin. Et moi, que j'allais descendre jusqu'à la rivière et qu'elle avait carte blanche pour le repas du midi.

Cette journée resplendissait littéralement. On avait envie de toucher l'herbe et de regarder les bourgeons d'un peu plus près. De se mettre une fleur à la bouche. Une profonde inspiration vous révélait de tendres parfums de jeunes filles, si timides qu'il vous fallait fermer les yeux pour les saisir et ne plus bouger. Martha avait raison, et qu'importe si l'hiver n'avait pas capitulé pour le compte, le printemps était là, son étendard venait de se ficher à nos pieds et vibrait dans l'azur triomphant.

La rivière était haute, nerveuse. Les berges

sifflaient et de petits tourbillons glouglou-
taient éperdument à la surface avant d'être
balayés et ramenés dans les rangs. Je sentais
la terre trembler sous mes pieds, je sentais
l'euphorie du courant et j'en étais tout réjoui
et comme paralysé d'émotion. J'aimais cette
rivière. Je sentais mon cœur battre chaque
fois que je l'approchais. Je comptais parmi les
plus belles choses de ma vie le simple fait de
m'asseoir à ses côtés, la regarder, l'écouter,
sous le soleil, sous la pluie, qu'elle fût calme
ou exaspérée, limpide ou noire comme de
l'encre, je connaissais ses humeurs, ses chants,
ses sortilèges, elle me parlait, me réconfortait
ou me plongeait dans de sombres états d'âme,
elle dansait comme un ange ou se dandinait
comme une infâme putain, j'avais passé des
heures et des heures avec elle, les yeux fixés
dans ses reflets, alanguis ou rougis de larmes
ou fiévreusement écarquillés lorsque le jour
tombait et qu'un dernier rayon déclenchait la
plus étonnante et hiératique symphonie que je
pouvais imaginer, certainement oui j'éprouvais à son égard un amour véritable.

Je m'étais accroupi tout au bord, sous les
arbres défeuillés et silencieux où Gabriel et
moi suspendions nos attirails et amarrions les
gourdes que nous coulions sous l'eau. Je restais ainsi les yeux mi-clos, ne regrettant que
de ne pouvoir m'étendre, en raison du sol
détrempé et des quelques fourmis s'éveillant

à l'intérieur de mes mollets. J'essayai pourtant de tenir bon, eu égard à la bonté du soleil qui me caressait la nuque, ce qui ne m'était pas arrivé depuis des mois. Je fis pivoter ma tête sur son axe, avec une lenteur délicieuse et c'est à la faveur de ce petit exercice que je l'aperçus, planté tout près de moi, les mains enfoncées dans les poches et les sourcils froncés.

« Alors, quel bon vent t'amène... ? » Il regardait droit devant lui et bien entendu, ne répondit pas à ma question — je ne crois pas qu'en ma présence il eût proféré plus d'une dizaine de mots au cours de cette semaine — mais il plia les genoux et prit exactement ma position. Puis il imita les mouvements de mon cou.

« Qu'en dis-tu... ? Absolument divin, n'est-ce pas !... Eh bien, comment se fait-il que tu n'aies pas peur de moi, aujourd'hui... ? » Car enfin, il s'était toujours tenu soigneusement à distance et cette fois, il m'aurait suffi de tendre la main pour le saisir au collet. Mais ce n'était pas très malin de ma part et je dus tempérer cet élan facétieux.

Je n'attendis pas que mon corps fût traversé de crampes pour me relever. Je m'étirai. Lui de même. Ses cheveux blonds et raides étaient coupés en bol et il avait une allure amusante, d'autant plus que son visage était toujours sérieux. Je le regardai un instant. Puis je lui dis de ne pas trop s'approcher du bord. Il avait de nouveau fourré ses mains dans ses poches et du pied, faisait valser quelques brindilles dans les flots. Je me tournai pour voir si sa mère n'était pas dans les environs.

« Écoute-moi, tu ne dois pas venir ici tout seul. C'est très dangereux... Est-ce que tu m'entends... ? » Il acquiesça, tout en continuant à envoyer d'autres navires par le fond. « Bien... » fis-je, un peu désarçonné par ce premier échange, car d'une manière ou d'une autre, c'était la première fois qu'il daignait consacrer mon existence. Je me demandais si je devais lui passer une main sur la tête. « Hum... je vois que tu es raisonnable. »

Mais à peine avais-je prononcé ces mots et le gratifiais-je d'un sourire de samaritain que le garnement trébucha sous mes yeux incrédules et tomba tout droit à l'eau. Par chance, j'étais à deux pas de lui et, le saisissant prestement par la peau du dos, je le tirai de là et le plantai sur la berge.

« Sacré nom d'un chien ! » grognai-je en me laissant choir à ses côtés. Il était trempé des pieds jusqu'à la tête et lorsque nos regards se croisèrent, sa figure se plissa et se renfrogna confusément.

« Ça ne sert à rien de pleurer... » lui déclarai-je d'une voix tranquille. Je tendis la main vers lui et dégrafai les bretelles de son pantalon. « Tu dois réfléchir quand tu fais quelque chose. Il n'y a pas de place pour les regrets dans la vie. » Ses yeux s'étaient embués mais

— et cela dévoilait d'heureuses dispositions — il retint valeureusement ses larmes. Je l'aidai à ôter ses vêtements qui dégorgeaient sur le sol un réseau de filaments radié, si bien qu'il prit appui sur mon épaule. Malgré le bain dont il ruisselait encore, je découvris qu'il avait une odeur de pain au lait ou peut-être d'amandine, je n'aurais pas su dire au juste. Puis je le couvris de mon veston et nous rentrâmes. Sans un mot, la prairie comme un trait de lumière fulgurant, les yeux clignés.

Je déclarai que ce n'était rien mais sa mère le gronda, nous examinant tour à tour et de telle sorte qu'il me sembla que ses reproches m'étaient aussi bien adressés, comme si dans cette affaire j'avais ma part de responsabilité ou qu'on pût fourrer le vieillard et l'enfant dans le même sac. Je savourai cet instant, en dépit de mon air impassible.

Puis le soir même. Je m'apprêtai à allumer un feu dans la cheminée. Il se campa de nouveau dans mon dos. C'était la première fois, depuis leur arrivée, que nous n'avions pas ravivé les cendres de bon matin et le gaillard se montrait fort curieux. Sa mère était dans la cuisine, sans doute occupée à réchauffer le repas que Martha nous avait préparé. Je dépliai une double feuille de journal devant moi et une autre devant lui et je le regardai. Il ne recula pas d'un pouce. Je roulai ma page dans le sens de la longueur et la nouai comme un collier autour d'un cou invisible avant de la placer sur le foyer. Il semblait très intéressé. Je recommençai, l'invitant à suivre mon exemple.

Il y eut quelques problèmes dans la fabrication du cylindre de papier, mais les vrais ennuis commencèrent lors de l'exécution du nœud. Il fallut s'y attaquer à diverses reprises et s'armer de patience des deux côtés avant que la Lumière ne tombât du ciel. Et lorsqu'elle fondit et qu'un rayon sucré éblouit son visage, je craquai une longue allumette et la lui tendis.

Ce soir-là, il se passa quelque chose entre nous. Du moins, en eus-je l'impression, mais certaine expérience de la vie m'obligeait à considérer cette affirmation avec prudence. J'y réfléchissais dans mon lit et il ne me semblait pas impossible que la douceur de cette journée m'eût égaré. Cela dit, quelques rires avaient fusé au cours du dîner et nous avions traîné un peu avant d'aller nous coucher, Judith et moi nous découvrant une passion commune pour Bram Van Velde et De Kooning, tandis que Noé jouait avec le feu — « Mais n'oublie pas, Nanou mon chéri, que je t'ai à l'œil... ! » — et se livrait à des petits sacrifices — un papillon mort, une paille de plastique, un morceau de ficelle ou de la mie de pain — pyromaniaques.

Il n'y avait pas là de quoi tomber à la renverse, mais une vague relation commençait à se dessiner et il était encore trop tôt pour augurer de cette informe chrysalide. Aussi bien autour de moi, les avis étaient partagés : Martha, et malgré le travail supplémentaire qu'il lui en coûtait, pensait que j'avais agi en bon chrétien et qu'un peu de compagnie n'allait pas me faire de mal. Quant à Gabriel, aussi prompt qu'infaillible pour vous diagnostiquer toutes les calamités imaginables et ses yeux plongés dans les miens : « Crois-moi, vieux... Tu t'es fichu dans un joli pétrin. »

Puis les beaux jours se mirent de la partie, s'accrochèrent les uns aux autres et l'on avança. Les bourgeons éclaboussèrent le jardin et je sortis en courant pour tendre mon hamac entre deux cerisiers. Nous mangions dehors. La nuit était douce et limpide, traversée d'engoulevents et de parfums légers et un soir nous marchâmes jusqu'à la rivière. Les fourmis pénétrèrent dans la cuisine, par une fente du carrelage. Noé trouva un lézard mort. Je lui en montrai un vivant. Le mari de Martha, un grand Noir athlétique, vint tondre le gazon et je lui donnai une de mes cannes (une Shimano Beast Master en graphite, montée avec un Bait Runner 350) qu'il guignait depuis un moment, ainsi qu'une pleine boîte de leurres (des Poe's en cèdre rouge, de fabrication artisanale, ce qui se faisait de mieux). Judith se mit à porter des tenues légères — elle ne risquait rien, j'étais à demi impuissant — et ses ecchymoses disparurent. Elle était assez jolie, finalement. Et elle s'installa au grenier et reprit sa peinture. Et la nuit je pensais aux petits événements de la journée et j'essayais de percer leur secret.

Un matin que je me rendais en ville, Noé s'installa dans ma voiture. J'hésitai une seconde, puis allai en discuter avec sa mère. Dont le regard, passant de mon Austin Healey à moi, traduisit un instant une ombre de réticence. Ah, c'était à se tenir les côtes ! Qu'elle suffît, ou un affreux fou rire allait me terrasser ! Chère enfant, que ne t'avais-je connue plus tôt... ! Ah, je t'aurais montré de quoi j'étais capable, tu m'aurais adoré car j'étais l'écrivain le plus rapide du monde à cette époque — sur Lagonda dans la Coupe des Glaciers — et tu aurais tremblé pour moi dans les tribunes de Francorchamps ou Monza. Je ne lui soufflai pas un mot de tout ça, bien entendu, mais j'avais un léger sourire au coin des lèvres et elle me dit oui, mais soyez prudent. Je fis demi-tour vers ma voiture en réprimant un hoquet de rage engourdie.

Noé riait. Nous avions les cheveux au vent. Je lui jetai quelques coups d'œil consécutifs tandis qu'une rangée d'arbres zébrait le soleil et stroboscopait ma vision. « Au fond, lui dis-je, ça m'arrange que tu ne parles pas. » Je ne savais pas s'il m'écoutait mais ça n'avait pas une réelle importance. Mes paroles s'envolaient, des lambeaux de paysage se superposaient indifféremment. « Et je te trouve très bien comme tu es. Tu sais, la plupart des gens ne disent pas ce qu'ils pensent, alors à quoi bon... ? » Aussitôt descendus en ville, il me donna la main.

Je ne me souvenais pas qu'un enfant m'eût approché de près ou de loin, au cours de ma vie. Je n'avais pas d'avis très particulier sur eux, sinon qu'il fallait leur consacrer du temps et pour moi, cela réglait immédiatement la question. Plus jeune, j'avais eu quelques bons amis que la paternité avait ensevelis sous mes yeux et j'en avais eu assez de leur conversation quand ils gardaient un œil inquiet sur leur progéniture, j'en avais eu assez de les voir se sauver à l'heure du couvre-feu au beau milieu d'un plan qui aurait pu changer le monde, de murmurer dans leur salon en plein après-midi parce que le petit ange était endormi et ne pas même se voir offrir un verre, et Grand Dieu ! ne s'en était-il pas trouvé pour vous coller l'enfant hurlant sur les genoux, le temps que l'on trouvât quelque couche au fond de ces horribles sacs où pêle-mêle s'entassaient le ravitaillement et l'entretien des troupes, et s'excusant de déranger les feuilles de mon bureau, et faire ça là, à l'endroit même où j'écrivais mes livres... ? ! Nous nous étions perdus de vue. Je voyageais, je m'enivrais, je conduisais des bolides, je descendais dans les meilleurs hôtels, fréquentais les endroits à la mode, je donnais des lectures devant des professeurs et subjuguais leurs femmes et il ne restait plus la moindre place dans ma vie pour autre chose. Libre à eux d'élever des enfants si le cœur leur en disait, mais quelle drôle d'idée, quel impénétrable et donc absurde désir c'était pour moi. Mais ce jour-là, alors qu'avec Noé j'étais arrêté devant une vitrine — quelque chose l'avait intéressé semblait-il — et me tenais comme hébété avec sa main dans la mienne, je n'aperçus que mon reflet, incertain et livide et je pensai à ces amis disparus et je voulais leur dire, si jamais le genre de vie que j'avais menée leur avait après coup paru plus belle et plus enviable, eh bien ma foi, qu'ils n'avaient rien perdu au bout du compte. Et je me sentis triste et désemparé. Jusqu'à ce qu'il me secoue par la manche.

Au retour, alors que j'étais installé sur une chaise longue du jardin, exposant mon vieux corps à la lumière dorée que dardait l'horizon et que j'étais plongé dans un article de Gary Roach — Gabriel et moi avions assisté à une série de ses *Fishing Pro-Mo's Seminars* quelques années plus tôt, à Cedar Rapids dans l'Iowa —, elle s'approcha de moi et me dit :

« Pourriez-vous me prêter votre voiture ? »

J'eus l'impression qu'elle venait de me lancer un seau d'eau glacée en pleine figure. Je suffoquai presque.

« Il faut que j'achète de la peinture... » continua-t-elle avec autant de candeur dans la voix que s'il se fût agi d'un vélo — fût-il de course.

« Je vais y aller » dis-je en plissant les yeux.

« Mais non, voyons... Les clés sont dessus... ? »

Une barre de feu traversa mon cerveau et à son air, je vis que mon regard avait sans doute pris un éclat étrange.

« Comment ça, les clés sont dessus... ? Mais qu'est-ce que tu imagines... ? ! Crois-tu avoir affaire à un quelconque tas de ferraille... ? ! »

« Très bien. J'y ferai *très* attention... » soupira-t-elle avec un léger haussement d'épaules.

Je me contorsionnai sur ma chaise longue qui menaça de culbuter et grinça comme un animal enragé.

« Tu n'auras pas à y faire attention. Personne d'autre que moi ne touche à cette voiture. Ni toi ni le diable ! »

« Sérieusement... ? »

« Écoute-moi bien..., fis-je en épongeant discrètement quelque rosée dont une trop vive émotion avait emperlé mon visage. Je ne te sens pas très au courant de ces choses... Hum... Sache simplement que *je ne peux pas* te prêter cette voiture, tu comprends... ? ! Nom d'un chien, mais c'est une Austin Healey de 1955, c'est un modèle très rare, il n'en reste plus que quelques exemplaires au monde, j'en mourrais s'il lui arrivait quelque chose, est-ce que tu saisis... ? ! »

Je l'emmenai chercher ses peintures. Elle pouvait penser ce qu'elle voulait. En rentrant, je me suis arrêté chez mon garagiste et on lui a trouvé une voiture, une Fiat je ne sais quoi, et tout le monde était content et moi encore plus que les autres. Son intérêt pour les automobiles, m'avait-elle déclaré d'une voix dédaigneuse, se limitait strictement au simple fait que le stupide engin roulât. Eh bien, il roulait, et il avait même une boîte automatique en prime et les sièges arrière se rabattaient gracieusement et le moteur chantait comme un séchoir électrique.

Un frisson rétrospectif me remonta l'échine quelques jours plus tard, lorsque tournant autour de sa voiture — elle venait de rentrer, chargée de pots et de bidons et avait claqué la portière avec son pied — je découvris son aile droite affreusement broyée, déchiquetée avec une sauvagerie peu commune.

« Hé, qu'est-ce que c'est... ? » lui criai-je alors qu'elle disparaissait par la porte de la cuisine.

« C'est rien ! » me répondit-elle.

Pour tout dire, un jour que nous plaisantions, elle n'eut de cesse que je n'eusse grimpé à ses côtés et m'emmena sur des petites routes pour me prouver qu'elle savait conduire. Je suis rentré à pied.

« Depuis quand amène-t-on un gosse à la pêche... ? ! Depuis quand, veux-tu me le dire... ? ! »

Je ne répondis pas. Gary Roach lui-même n'aurait pas su quoi répondre à ma place. Il y avait certaines règles que l'on ne pouvait transgresser. Et je savais pertinemment que les choses finiraient par se gâter. Il y avait deux heures que nous étions là et nous n'avions rien attrapé, à croire que nous étions maudits. Je ne voulais pas reconnaître que la présence de Noé était le seul mauvais sort dont nous fussions frappés.

« Jette encore un seul caillou dans l'eau, petit, et tu vois cet arbre, je t'attache en haut des branches... ! »

Gabriel fulminait. Le soleil avait tapé dur. A présent, les reflets cuivrés l'empourpraient et l'eau qui bouillonnait entre ses jambes semblait être un effet de sa fureur. Il souleva sa casquette frappée du sigle FOCAS (*Fellowship of Christian Anglers Society* sauf qu'il était juif) et la revissa rageusement sur son crâne. C'était mon seul ami, le seul rescapé de la bande — sa femme était stérile — et sans doute le meilleur pêcheur de tout le pays. Il n'était encore jamais rentré bredouille.

De son côté, Noé s'ennuyait ferme. Je les comprenais tous les deux et me trouvais dans une position délicate. Je ne savais pas ce qui m'avait pris, ayant été moi-même le premier à m'étrangler dans une situation inverse — n'avais-je pas repoussé tout de go, et avec une pâleur indignée, certaine tentative de sa part pour nous emmener sa femme : « Écoute, Gaby, ne mélangeons pas tout, s'il te plaît... » —, à pousser les hauts cris pour la moindre entorse à notre vœu de silence et de calme.

Je n'arrivais même pas à me concentrer quelques minutes d'affilée sur ce que je faisais, je n'en avais pas même envie.

« Gaby, tu sais... je regrette... » lui lançai-je confusément.

« Ah oui... ? Et qu'est-ce que tu regrettes... ?! » grinça-t-il en m'ajustant d'une prunelle enflammée.

« Bonne question ! » répondis-je.

Nous étions en train de nous regarder comme deux taureaux épuisés lorsqu'un petit « plouf ! » cristallin retentit en amont. « Et merde... !! » rugit Gabriel qui arracha sa casquette et la fracassa dans l'or sombre du soleil couchant. Je repliai mes bagages et grimpai sur la rive tandis qu'il martelait les flots et continuait ses sourdes imprécations.

« Je te verrai plus tard, Gaby... ! » lui criai-je, arrondissant le dos et poussant Noé devant moi. Et nous étions presque à mi-chemin de la colline qu'on entendait au loin toujours le vieux grincheux.

J'étais en train de raconter à Noé quelques-uns des plus fameux exploits de Gabriel — comme ce brochet d'un mètre soixante-cinq, vingt-deux kilos qu'il avait sorti du Grand Lac des Esclaves, à la fin d'un hiver, au travers d'un mètre cinquante de glace et après un rude combat — quand nous arrivâmes en vue de la maison. Mais je m'arrêtai au beau milieu de mes bavardages, ayant aperçu une voiture garée devant l'entrée et Judith qui discutait avec une autre personne que la distance m'empêchait de distinguer correctement. Noé me pressa de continuer car j'avais laissé Gabriel aux prises avec le monstre et l'issue demeurait diablement incertaine. Je repris donc mon histoire, seulement mon enthousiasme était un peu tombé et je cherchais mes mots tout en accélérant le pas. A mesure que nous nous approchions — et Noé qui était pendu à mes lèvres aussi bien qu'à ma manche ne semblait pas s'être avisé de cette présence pour le moins intrigante — je découvrais un type d'une bonne trentaine d'années, que je n'avais jamais vu et dont je ne brûlais pas de faire la connaissance. Leur conversation paraissait animée. Puis brusquement, l'inconnu grimpa dans sa voiture et fila... « et alors il réussit à le tirer hors de l'eau et ils continuèrent à se battre sur la berge et personne n'osait s'approcher d'eux et le jour tombait et l'ombre noire des sapins ressemblait à une mâchoire de crocodile... ».

« Qui était-ce ? » demandai-je à Judith qui sursauta, surprise de nous trouver dans son dos.

Elle affichait un air contrarié mais ne pouvait dissimuler son trouble. Elle envoya Noé lui chercher un homme. Pardon, une POMME.

« C'est Joël. C'est avec lui que je vivais... »

« Est-ce qu'il y a un problème ? »

« Il y a toujours un problème avec les hommes. »

« Celui-ci en particulier ? »

Elle sourit, m'attrapa par le bras et nous marchâmes tranquillement vers la maison pendant qu'elle murmurait de sa si jolie voix de petites choses à propos de l'épuisante et insondable complexité de la vie.

Plus tard, après le dîner, elle me rejoignit dans le salon. Elle venait de coucher Noé et s'enquit aussitôt de quelles abominables histoires je l'avais entretenu car il avait refusé qu'elle éteignît la lumière et avait insisté pour qu'elle ôtât du mur un charmant portrait de moi, datant d'une dizaine d'années, et qu'avait réalisé Gabriel à l'occasion de ma plus belle prise et où je souriais comme un bienheureux avec l'animal en travers de mes bras et au bas duquel il avait écrit à la main : « *World-travelled angler with a 28 1/2 pound Alaskan pike — Una-lakleet River Lodge — May, 1978 —* Qui dit mieux ? »

« Bon sang, mais comment faites-vous pour effrayer un enfant avec des histoires de pêcheur... ? » Ce que disant, elle secouait la tête et me considérait d'un œil amusé autant qu'incrédule. Je connaissais l'antienne. Dans ce pays — et c'était un point de vue que partageait le plus grand nombre —, l'halieutique était souvent perçue comme un triste passe-temps dont l'imagerie se bornait à quelques ramollis de préférence à demi évanouis sur un pliant et çà et là tirés de leur pauvre torpeur par une splendide ablette ou quoi que ce soit dans les vingt centimètres. Je renonçai à éclairer sa lanterne car la nuit n'y aurait pas suffi et aussi bien j'entendais amener la conversation sur un terrain plus ferme.

L'irruption du sieur Joël au beau milieu de la partie ne me disait rien qui vaille. Et il y avait une chose dont je me souvenais : celui qui connaît son ennemi l'emporte sans peine. Il fallait donc que j'en apprisse davantage, ce pour quoi j'avais profité qu'elle fût avec Noé pour arranger certain éclairage que je jugeais propice aux confidences ainsi que l'âtre auquel j'avais redonné un lumineux élan. Je lui racontai que cette soirée était un peu particu-lière et que je serais infiniment touché si elle acceptait de vider une coupe de champagne en ma compagnie. En parfait arracheur de dents, je lui déclarai qu'il y avait cinquante ans jour pour jour, je tombais amoureux de la seule femme qui eût compté dans ma vie, malheureusement la tuberculose, etc. Et ainsi, de fil en aiguille, lui livrant le secret de mes échecs ultérieurs — « Judith, j'ai bien peur que nous n'ayons ce terrible point en commun... » — et usant de mon charme de vieux monsieur — quelle canaille inoffensive ! — j'en vins honteusement à mes fins. J'appris qu'ils avaient vécu ensemble un couple d'années et que le zigoto était architecte. Qu'elle avait l'impression qu'ils s'étaient aimés il y avait fort longtemps. Qu'ils s'étaient déchirés. Qu'elle ne savait plus. Banal et lamentable, est-ce que je n'étais pas de cet avis ? Je hochais la tête, caressais ma barbe naissante en vieux connaisseur de nos humaines déconfitures. « Et voilà qu'il réapparaît sans crier gare ! Je ne sais même pas comment il s'y est pris pour me retrouver... » (C'est *à moi* que tu le demandes ? !) « Il veut que je réfléchisse... » Je scrutais son visage et remplissais religieusement sa coupe tandis qu'elle interrogeait son cœur en silence. « Je crois que ce serait une bêtise... soupirait-elle. Nous sommes trop égoïstes, nous ne tiendrions pas deux mois. » Je me sentais envahi par une colère froide, qu'au demeurant je contrôlais parfaitement bien. Je m'accroupissais à ses côtés, dans la pénombre complice et en retrait du feu, de crainte qu'une lueur diabolique ne perçât mon âme au grand jour. Je compatissais. « Ma pauvre Judith..., toi seule peux en décider. Tu sais, mes conseils ne te serviraient pas à grand-chose... Mais sois prudente. Et rappelle-toi quand même ceci : ''Quand il pleuvrait toute une année, est-ce que l'eau de mer deviendrait douce... ?'' »

Je passai une nuit presque blanche à envisager qu'un salopard s'en vînt troubler le fragile équilibre qui s'était installé entre nous. Et durant les jours qui suivirent, je restai aux aguets, ne perdant pas une occasion, quand on revenait sur le sujet, pour prendre mollement la défense de ce sinistre individu, ce qui avait pour effet — du moins les colères de Judith me le laissaient supposer — de l'enfoncer chaque fois un peu plus.

Mais la menace qu'il constituait à mes yeux devint rapidement insupportable. Je pensais tous les jours à lui. Et le regard que je posais sur les deux autres s'empreignit d'ardeur et de mélancolie. Comment aurais-je pu me résoudre à les perdre ? Ils étaient tout ce que je n'avais pas connu, la dernière chose que je pouvais encore apprendre et dont je pressentais la vertigineuse étendue. Il me semblait qu'un organe mystérieux s'était développé dans ma poitrine. Il s'enflait, se tordait, se comprimait, circonvenait ma raison avec une ineffable facilité et se refusait à la moindre analyse. Je n'osais même pas en parler à Gabriel. J'eus l'impression qu'un mal étrange m'avait frappé et j'eus la certitude qu'il n'existait aucun remède au monde.

Je connus toutefois un moment de répit, comme on en voit souvent dans les affections graves. N'étaient de ces courtes absences dont j'émergeais avec un léger sursaut, le regard vague et retrouvant subitement l'ouïe, mon état général redevenait satisfaisant. Celui par qui la confusion était arrivée n'avait plus donné signe de vie. Et pas plus qu'elle ne me parlait du bougre, Judith n'avait changé quoi que ce soit dans son comportement et ne semblait avoir d'autre projet que celui de rester sous mon toit.

Malgré ses protestations, j'avais fait abattre une cloison du grenier pour qu'elle eût davantage de place et si je n'avais pas craint de l'effrayer, j'aurais également fait percer la toiture pour qu'elle profitât de la lumière du ciel. Mais qu'elle sentît le poids des chaînes que je forgeais dans l'ombre — et qu'un fol empressement n'aurait pas manqué de révéler — et je risquais de tout flanquer par terre. Je devais donc agir avec précaution et maîtriser la violence des sentiments qui me harcelaient. Car ils me harcelaient, me tourmentaient véritablement et la vie ne m'avait pas préparé pour un tel combat. J'étais désarmé, je ne connaissais pas de riposte à ces coups dont me lardait un démon invisible, je brandissais une garde pathétique et dérisoire à travers quoi le moindre assaut passait. La seule victoire que jusqu'à présent j'avais heureusement remportée était celle du silence. Mes affres ne m'avaient pas arraché un seul mot, pas une grimace que je n'eusse étranglés s'ils étaient dans les parages. Et je souriais et plaisantais comme à l'accoutumée, m'enjouais de leur simple compagnie, malgré quelques éclairs de lucidité. L'intrusion du pâle architecte avait agi comme un puissant révélateur, précipitant assurément les choses, mais le danger ne venait pas de lui. Car quoi qu'il en soit, j'avais beau intriguer et me torturer l'esprit pour le mettre définitivement sur la touche — et l'eussé-je réussi que cela n'aurait rien changé — j'allais perdre cette dernière partie et je le savais. Mais tant que je pouvais me berner d'une stupide illusion, à quoi cela me servait-il d'y voir clair... ? Comment me serais-je mis au pain sec et à l'eau d'une abominable certitude quand le miel coulait des arbres, quand de les avoir à ma table transformait un simple repas en un pur moment de joie ?

Ainsi, au cours de ces quelques jours où en dépit de sombres pensées il me fut donné de merveilleux moments de calme, j'en vins à reléguer ce fameux Joël (Jojo, sans doute... ?!) au second plan. A quasiment l'oublier. Mais c'était commettre une erreur.

Un matin, le téléphone sonna.

« Puis-je vous rencontrer ? » fis-je à voix basse, bien que m'étant assuré que j'étais seul.

Je filai aussitôt en ville, envoyant promener Martha qui voulait que je lui ramène je ne sais quoi pour la cuisine.

Je l'attendais au fond d'un bar, devant un Martini blanc avec une olive. Il faisait très chaud. J'étais très nerveux.

Notre entrevue ne dura pas longtemps. Il avait l'air d'un jeune cadre pressé. Je lui proposai beaucoup d'argent pour qu'il me laisse tranquille — plus exactement s'il renonçait à revoir Judith. Il me dit que je me trompais, qu'il tenait vraiment à elle. Je lui répondis beaucoup d'argent, qu'il me donne un chiffre. Il me dit : « Allez vous faire soigner ! »

J'en restai groggy pour le restant de la journée. Judith s'était enfin décidée à m'enseigner les rudiments de l'acrylique, ainsi que je l'avais souhaité, mais je prétextai une méchante migraine et la priai de remettre ça au lendemain. « Tu es gentille... » lui dis-je et je la regardai monter l'escalier tandis que mon âme suffoquait. Je ne savais pas si c'était un effet de mon engourdissement, mais je les trouvais tous les deux encore plus gais et plus radieux que d'habitude et la lumière était si éclatante, si juvénile que je ne bougeai plus de sous mon parasol et même rétractai mes jambes à mesure que le soleil glissait vers moi.

Jusqu'à la nuit, le visage de Joël me hanta. Je l'imaginai à côté de moi cependant que je fixai fiévreusement un tuyau d'arrosage et alors je m'en servais pour le garrotter et sa langue bleuissait et ses yeux s'exorbitaient. Ou il me tournait le dos, au moment où la fraîche me surprenait à la terrasse avec Noé somnolant sur les genoux, et je bondissais pour l'occire d'un coup de sécateur que Martha avait laissé à mes pieds. Le soir même, à table, je ne picorai pas plus qu'un moineau anorexique et le pressai pour qu'il ingurgitât son potage empoisonné par mes soins. Je ne me livrais pas à certain jeu fantasmatique d'un goût suspect, j'étais infiniment sérieux. Au point que la nuit venue, profitant de quelques pas au clair de lune — Judith s'extasiait de la douceur de la nuit alors que je me transissais — mon regard assombri balayait férocement le jardin à la recherche du meilleur endroit pour y creuser une jolie tombe. A moins que je ne le découpasse en trente-six morceaux.

J'étais prêt à tout. Je ne laissais personne derrière moi. Je n'avais rien à perdre. Pour ce qu'il me restait à vivre, j'aurais accueilli avec le sourire les travaux forcés à perpétuité. Avec un peu de chance, je pouvais bien me trouver dans l'autre monde le jour où l'on découvrirait de quel forfait j'étais coupable. J'éprouvais à cette idée un sentiment de liberté sans bornes. Seule capable d'arrêter mon bras criminel restait ma conscience. Mais elle ourdissait avec moi. « Oui, en dernière extrémité, tue-le ! me disait-elle. Je ne t'accablerai pas de remords car il n'y a pas de méchanceté dans ton cœur. »

Deux jours encore, je traînai comme une âme en peine. Que le rire de Judith retentît à travers la maison et un javelot se fichait au milieu de ma poitrine. Que Noé déposât un baiser sur ma joue et je défaillais. Martha me préparait de mystérieuses décoctions que j'avalais en silence contre la promesse qu'elle tiendrait sa langue — elle s'était mis dans la tête qu'un succube me visitait la nuit et dévorait mes forces — et n'irait pas ennuyer tout le monde à propos d'une légère mauvaise mine dont elle était la seule à s'inquiéter. En fait, je revivais et mourais à longueur de journée et lorsque au soir je regagnai ma chambre, je tombais épuisé sur mon lit, comme un naufragé s'échouant sur le rivage après que la tempête l'eut bringuebalé, rossé, moulu, cent fois renversé cul par-dessus tête, cent fois noyé et recraché.

Et puis le téléphone sonna à nouveau. Il était tard, Noé était couché depuis déjà un bon moment et nous étions au grenier, je regardais ses dernières toiles et je lui disais que dans une prochaine vie j'essaierais la peinture. Je ne fis pas le moindre geste pour aller décrocher. Je me raidis légèrement. Elle hésita une seconde, puis voyant que je ne bronchais pas, empoigna le combiné.

Et je sus qu'ils allaient me donner l'estocade. Au regard attendri et gêné qu'elle me coulait tout en hochant la tête et murmurant des petits « oui » d'une affreuse douceur à l'autre imbécile. A la manière dont elle tenait l'appareil tout contre ses lèvres en se couvrant la bouche. A sa façon de s'appuyer au mur comme une glace fondant au soleil. A son pied sorti de sa chaussure. A la couleur de son visage.

Combien de fois avaient-ils ainsi conversé dans mon dos ? Combien de fois s'étaient-ils rencontrés à mon insu pour préparer mon exécution ? De rage et de douleur je tremblais de tout mon être. J'avais évidemment envisagé une telle situation, vécu mentalement les plus cauchemardesques séances où le rideau tomberait, je croyais m'y être préparé et j'étais là, éperdu et tétanisé, étourdi par le choc dont j'avais méjugé la violence. Puis je me détournai pour haleter comme une bête aux abois, un instant dissipé de mon supplice par les ahurissants effets qu'il avait sur mon corps.

Et lorsqu'elle raccrocha, je tombai à ses genoux, aussi blanc qu'une statue de marbre. Le peu de fierté qui me restait vola à mon secours et m'empêcha d'enserrer ses jambes. La dignité retint mes larmes — et ce n'était pas la tristesse mais la sensation d'un vide absolu qui m'étranglait. J'étais si ridicule que je réussis à donner quelque solennité à l'instant.

« Judith... voudrais-tu m'épouser ? » croassai-je (c'étaient à présent mes cordes vocales qui se déréglaient).

« Bien entendu, je ne te toucherai pas... tu seras libre d'agir à ta guise... Tout ce que j'ai t'appartiendra... je ne sais pas, je n'ai plus beaucoup de temps à vivre... »

Elle recula d'un pas. Son visage exprimait une terreur amusée.

« Nous ne changerions rien à nos habitudes... Je... Tu pourrais voir qui bon te semble et je m'occuperais de Noé... Judith... accepte et je ne serai jamais rien d'autre qu'un vieil ami pour toi... je suis bien trop âgé pour te demander davantage... »

Mais c'était sans doute encore en vouloir un peu trop car elle porta brusquement une main à sa bouche — je gageai qu'elle voulait ainsi m'épargner un cri de répugnance attristé — et me dévisagea un court instant comme si j'avais commis quelque méfait abominable — où pour le moins l'on eût perdu son âme — avant de quitter la pièce.

Je demeurai immobile, agenouillé sur le plancher couvert de taches multicolores comme un tapis de fleurs sauvages. Je ne me sentais pas précisément d'une humeur bucolique mais c'était la seule image qui venait à mon esprit. De désespoir, je me serais peut-être roulé sur le sol quelques instants plus tôt, mais à présent, un calme étrange flottait dans l'air, qu'à chaque inspiration j'injectais droit à mon cerveau. Cela dit, j'étais parfaitement conscient de ce qui m'était arrivé. Je voyais ce vieillard que l'on venait d'assassiner et qu'une morne méditation figeait dans une posture comique et pitoyable — il piquait un peu du nez en avant. Je reconnaissais la peau molle de son cou, ses mains tavelées, son dos voûté, ses os qui saillaient aux épaules, ce maigre corps que la douleur avait pulvérisé et qu'un miracle avait reconstitué dans ses moindres et tristes détails. Mais je n'aurais pas juré que c'était bien lui car son regard avait changé.

Je ne sais combien de temps je passai là-haut, sans remuer le petit doigt. Assez longtemps si j'en jugeais par l'ankylose de mes genoux et le silence absolu qui engouffrait la maison. Je me relevai très péniblement. Éteignis puis descendis dans l'obscurité. Passai devant sa chambre. Sortis. Entrai dans le garage. Déménageai quelques caisses que je soulevai sans bruit et sans effort particulier malgré leur poids. M'emparai d'un coffret que je décadenassai d'une main tranquille. En tirai un 9 mm S & W — le 659, l'inoxydable — à 15 coups. Le glissai dans ma ceinture puis allai me coucher.

Au matin, je m'habillai de sombre, d'un alpaga léger assorti d'une fine chemisette à rayures. Je ne voulais pas apparaître dans une tenue trop décontractée au moment où j'allais abattre mon homme mais je renonçai à la pochette qui après quelques essais tendait à rehausser l'ensemble d'une gaieté superflue. Un dernier coup d'œil dans la glace me confirma que l'assassin avait encore belle allure, et à tout prendre, ne serait-ce pas plus agréable pour ce malheureux garçon ? Aussi bien, j'espérais avoir l'occasion d'assurer à ce jeune homme que je ne lui en voulais pas du tout, que ce n'était pas une affaire de personne. « Mon pauvre ami... La vie, que voulez-vous, ne nous laisse pas toujours le choix... ! »

L'été n'était pas bien loin. Nous allions certainement profiter d'une journée très agréable — « Sale temps pour mourir ! » me soufflait « Papa » — et je me tins un instant à la fenêtre et observai la rivière qui coulait tout en bas, tendre et magnifique.

Me rendant à l'office, je m'arrêtai devant sa chambre et frappai. Comme je m'y attendais, elle préparait ses valises.

« Judith, je voudrais que tu acceptes mes excuses pour hier au soir. Et je ne dis pas ça pour te retenir. » Sur un ton amical et détaché.

Aussitôt, je tournai les talons, mais elle dit : « Attendez ! »

Elle se souvenait sans doute qu'il y avait peu, je me traînais à ses pieds en vagissant. Ma transformation subite la désarçonnait et j'offris un masque impassible, négligemment teinté d'un intérêt courtois pour ce qu'elle avait à m'annoncer, à son regard furtif.

« Joël viendra nous chercher dans la soirée », déclina-t-elle rapidement, le front baissé.

Je ne lui répondis pas que je le savais, que chaque élément de cette journée m'était déjà connu, comme par exemple le petit tailleur bleu qu'elle porterait sur son tee-shirt Cowboy Junkies au moment du départ, bien qu'en cette heure matinale elle pensait finalement avoir opté pour un blue-jean et un spencer de lin blanc qu'elle avait disposés sur le lit.

Je lui répondis : « Je suppose que c'est inévitable... » et cette fois-ci les tournai pour de bon.

Je retrouvai Noé devant son chocolat. Nous nous sourîmes tandis que je m'installai devant lui. Martha m'apporta mon café.

« Hééé... voyez-vous ça ! fit-elle après avoir sifflé entre ses dents et me dévisageant d'un air réjoui. Auriez-vous bu une pinte de sang... ? ! »

Je ne compris pas ce qu'elle insinuait et me sentis agacé par cette évocation morbide.

« Et pourquoi l'aurais-je fait, s'il te plaît... ? ! » marmonnai-je pendant que je dépliai ma serviette d'un geste sec et l'installai sur mes genoux.

Elle ricana. Ce n'était pas pour ses gages qu'elle travaillait chez moi mais uniquement pour le plaisir de m'enrager. Il était rare que les sentiments que nous avions l'un pour l'autre se traduisissent autrement que par des manières de passes d'armes. Ainsi, comme à regret, elle finit par déclarer que j'avais meilleure mine.

« Vraiment ? » fis-je, enchanté par l'idée que j'allais échapper à ses brouets infâmes. Mais quant à penser que cette terrible nuit m'eût apporté autre chose qu'embrasements et sueurs glacées, il y avait là de quoi prêter à sourire. Non, ce qu'elle prenait pour une saine coloration de mon visage, ce léger rosissement de mes pommettes, n'était dû qu'à la bouillance de ma résolution.

Je ne retrouvai Judith qu'à l'heure du déjeuner, sous le store ombrant la terrasse. Ce n'était plus la femme qui m'avait éconduit quelques heures auparavant mais une adolescente aux gestes maladroits, nerveuse et mal à son aise, malgré qu'elle se fût équipée de ces abominables lunettes aux verres miroitants. Je ne lui fis pas la conversation. Cependant, je veillais à nous épargner un silence désagréable en débitant d'exsangues banalités ou certaines plaisanteries à l'intention de Noé qui, à cent lieues de notre affaire, manifestait un appétit du diable — d'ailleurs je lui donnai volontiers mon steak.

Tous les ponts semblaient coupés entre Judith et moi. N'était-il pas amusant de constater qu'en quelques mots l'on pouvait briser des liens dont on aurait juré de la solidité quitte à grimper sur l'échafaud, qui nous avaient coûté tant de patience et de soin et furent tissés de bagatelles qu'un épatant mystère transmutait en airain ? Je n'en croyais pas mes yeux. Avais-je commis un acte immonde en lui demandant de m'épouser ? On l'aurait dit à la voir s'intéresser au paysage ou à une miette de pain rencontrée sur la table et qu'elle manœuvrait de son couteau. Était-ce moi qu'elle visait en l'écrasant enfin du bout de sa lame ? Me maudissait-elle à ce point ou me crucifiais-je à plaisir ? Dans le doute, et ne voulant pas courir le risque de lui imposer une présence trop pénible, je me retirai avant le service du café — jadis moment délicieux entre tous et que nous étirions à l'envi — qui cette fois menaçait de sombrer dans l'insupportable. Comme je repoussai ma chaise, elle se tourna brusquement vers moi et je sentis sa colère me frapper de plein fouet. Ses lèvres tremblaient, des mots se pressaient à sa bouche. Mais je ne voulais pas d'affrontement avec elle, je ne voulais rien qui nous déchirât davantage et la plantai là sans attendre. Je rentrai. Je n'avais rien contre elle. Je n'avais rien contre personne. Je sursautai lorsque Martha jaillit d'une encoignure.

« Que se passe-t-il entre vous et la petite... ? »
Nous restâmes face à face.
« Je l'ai demandée en mariage. »

« Eh bien, ce n'était pas très malin. »

« Tu connaissais un autre moyen ? »

« Non. Il en existe pas. »

« Merci de tes conseils. »

« Seigneur ! Vous faites pas plus bête que vous n'êtes... ! »

« Je prendrai mon café au salon, si tu le veux bien. »

Les heures s'écoulèrent sans le moins du monde entamer le calme qui par bonheur m'échoyait en ces instants difficiles. Une étrange insensibilité était aussi mon lot. Je m'en aperçus fortuitement, à l'occasion d'un bon coup de râteau que Noé, qui jardinait furieusement au pied de ma chaise longue, m'assena par mégarde au beau milieu du front. Je n'éprouvai aucune douleur, pas même un léger échauffement. Je le laissai malgré tout m'appliquer une compresse composée de trois brins d'herbe verte et d'une feuille de micocoulier soigneusement ensalivée. De son côté, Judith tournait en rond et trompait son impatience en puisant dans sa garde-robe. Elle se tenait loin de moi. Certaines fois, je surpris son regard. Je devinais lorsqu'elle m'observait. Je pensais qu'après m'être débarrassé de ma triste besogne, nous pourrions avoir une longue conversation. Ce ne serait sans doute pas très facile mais ma patience n'aurait pas de limites et sa fureur serait mon châtiment.

N'importe quelle chose avait un prix, ici-bas.

Dans la lueur fauve du couchant, elle apparut dans le fameux tailleur cité plus haut, à ceci près qu'il avait des reflets de bronze. Mais l'heure n'était pas arrivée. Je m'éclipsai discrètement, non sans avoir cédé au ridicule et fol élan qui me poussa à serrer Noé dans mes bras, ne fût-ce qu'une seconde. Puis je descendis à la rivière. Seul.

J'y passai un moment. Jusqu'à ce qu'un léger frisson interrompît mes songes et me secouât. Alors je repris le chemin de la maison. Il faisait nuit. Aucun cynisme, aucune joie meurtrière ne guidaient mes pas tandis que je progressai à travers la prairie, mais un vieil air incongrûment naquit sur mes lèvres — et encore une fois ceci ne reflétait en rien mon état d'âme — et j'arrivais en fredonnant *Johnny goes marching home*.

La voiture de Joël crissa sur le gravier et ses phares m'éblouirent à l'instant même où je m'avançai sur l'allée. Je tirai l'arme de ma ceinture, la braquai froidement dans la lumière et logeai deux balles dans le pare-brise.

Je n'avais pas l'intention de me livrer à un exercice de foire. Malheureusement, sa portière s'ouvrit et force me fut de la farcir de plomb. Je n'y voyais pas très bien à cause de ses projecteurs. Il me sembla que l'on criait autour de moi, mais je ne me laissai pas distraire. Je devais m'assurer qu'il était bien étendu raide mort sans quoi tout serait à refaire et je répugnais à cette idée. « Allons, finissons-en au plus vite ! » m'intimai-je dans une odeur de poudre. Je m'avançai vers la voiture en espérant qu'il avait son compte sinon résolu à l'achever car jamais je ne me serais pardonné les souffrances de ce garçon.

Tout à coup, je fus projeté violemment au sol. « Tonnerre de Dieu ! » grognai-je en reconnaissant ma victime qui avait surgi de je ne sais où et semblait se porter comme un charme. Ainsi que deux ivrognes, nous roulâmes enlacés sur le gazon mais je gardai l'arme au poing. Le bougre était d'une force peu commune ou bien simplement tenait-il tellement à la vie que sa rage en était décuplée. Une sorte de folie furieuse l'animait. Il m'insultait, me rouait de coups et m'étreignait tout à la fois de peur que je ne parvinsse à dégager mon bras et ne lui brandisse incessamment sous le nez l'objet de notre lutte. Et il n'avait pas tort de s'agiter car ma main droite restait soudée au Smith & Wesson et eût-il démoli mon corps en mille morceaux qu'il ne les aurait pas séparés. Aussi bien il me mordit sauvagement le bras, mais en pure perte.

Toute mon âme, toute ma volonté, tous mes espoirs étaient concentrés sur l'automatique que je tentai de tourner vers lui. En cela résidait l'avantage que j'avais sur mon adversaire,

lequel divisait ses forces, d'une part en conte-
nant cette main armée qui obliquait vers sa
poitrine, de l'autre en décochant à mon visage
de courts uppercuts dont je me souciais du
tiers comme du quart. Il poussa un cri
d'orfraie lorsqu'il se rendit compte que la
gueule de l'engin glissait inexorablement vers
son sein gauche. Dans un dernier sursaut, il
nous fit basculer sous mes rosiers mais je
pressai sur la détente. Et tout fut fini. Je sentis
simplement le souffle de la nuit passer délica-
tement sur la moiteur de mon front.

Lorsque je retrouvai mes esprits, Gabriel
courait à mes côtés et me tenait la main tandis
que le plafond de la clinique défilait à toute
allure.

Je m'accrochai à lui avant qu'il n'entamât sa
triste besogne :

« Ne me laisse pas mourir, Gaby... ! Je ne
suis pas prêt... Tu m'entends, ne me laisse pas
mourir... ! ! »

Littérature

Cette collection est d'abord marquée par sa diversité : classiques, grands romans contemporains ou même des livres d'auteurs réputés plus difficiles, comme Borges, Soupault. En fait, c'est tout le roman qui est proposé ici, Henri Troyat, Bernard Clavel, Guy des Cars, Frison-Roche, Djan mais aussi des écrivains étrangers tels que Colleen McCullough ou Konsalik.

Les classiques tels que Stendhal, Maupassant, Flaubert, Zola, Balzac, etc. sont publiés en texte intégral au prix le plus bas de toute l'édition. Chaque volume est complété par un cahier photos illustrant la biographie de l'auteur.

JAGGER Brenda	*Les chemins de Maison Haute*	1436/4★ & 1437/4★
	Antonia 2544/4★	
JEAN Raymond	*La lectrice* 2510/2★	
	Transports 2790/2★ (Mai 90)	
JONG Erica	*Les parachutes d'Icare* 2061/6★	
	Serenissima 2600/4★	
JYL Laurence	*Le chemin des micocouliers* 2381/3★	
KASPAROV Gary	*Et le Fou devint Roi* 2427/4★	
KAYE M.M.	*Pavillons lointains* 1307/4★ & 1308/4★	
	L'ombre de la lune 2155/4★ & 2156/4★	
	Mort au Cachemire 2508/4★	
	Mort à Berlin 2809/3★ (Juin 90)	
KENEALLY Thomas	*La liste de Schindler* 2316/6★	
KIPLING Rudyard	*Le livre de la jungle* 2297/2★	
	Simples contes des collines 2333/3★	
	Le second livre de la jungle 2360/2★	
KONSALIK Heinz G.	*Amours sur le Don* 497/5★	
	La passion du Dr Bergh 578/4★	
	Dr Erika Werner 610/3★	
	Aimer sous les palmes 686/2★	
	Les damnés de la taïga 939/4★	
	L'homme qui oublia son passé 978/2★	
	Une nuit de magie noire 1130/2★	
	Bataillons de femmes 1907/5★	
	Le gentleman 2025/3★	
	Un mariage en Silésie 2093/4★	
	Coup de théâtre 2127/3★	
	Clinique privée 2215/3★	
	La nuit de la tentation 2281/3★ Inédit	
	La guérisseuse 2314/6★	
	Conjuration amoureuse 2399/2★	
	La jeune fille et le sorcier 2474/3★	
	Pour un péché de trop 2622/4★ Inédit	
	Et cependant la vie était belle 2698/4★ Inédit	
KOUSMINE Dr	*Sauvez votre corps !* 2712/7★	
KREYDER Laura	*Thérèse Martin* 2699/3★	
L'AMOUR Louis	*L'envol de l'Aigle* 2750/5★	
L'HOTE Jean	*Confession d'un enfant de chœur* 260/2★ (Mai 90)	
	La Communale 2329/2★	
LACLOS Choderlos de	*Les liaisons dangereuses* 2616/4★	
LAHAIE Brigitte	*Moi, la scandaleuse* 2362/3★ Illustré	
LANE Robert	*Une danse solitaire* 2237/3★	
LANGE Monique	*Histoire de Piaf* 1091/3★ Illustré	
LAPEYRE Patrick	*La lenteur de l'avenir* 2565/3★	
LAPOUGE Gilles	*La bataille de Wagram* 2269/4★	
LASAYGUES Frédéric	*Bruit blanc* 2411/3★	
LAVAL Xavier de	*Le songe de Thermidor* 2528/6★	
LAXER Gloria	*Les vendanges du silence* 2647/4★	
LEFÈVRE Kim	*Métisse blanche* 2791/5★ (Mai 90)	
LEVY-WILLARD Annette	*Moi, Jane, cherche Tarzan* 2582/3★	
LOTI Pierre	*Le roman d'un Spahi* 2793/3★ (Mai 90)	
LOWERY Bruce	*La cicatrice* 165/1★	
LUND Doris	*Eric (Printemps perdu)* 759/4★	
LYLE Eva	*Eros 1900* 2304/3★	

2785

Impression Brodard et Taupin
à La Flèche (Sarthe) le 9 avril 1990
6003C-5 Dépôt légal avril 1990
ISBN 2-277-22785-4
Imprimé en France
Editions J'ai lu
27, rue Cassette, 75006 Paris
diffusion France et étranger : Flammarion